Josh McDowell und Bart Larson

Jesus

eine biblische Verteidigung
seiner Gottheit

W0055128

MEMRA-Verlag, Weichs

● proclama-Bücher wurden sorgfältig auf ihren Inhalt hin aus-
gewählt

● proclama-Bücher können Sie
unbedenklich verschenken

© 1985 der deutschen Ausgabe: MEMRA-Verlag, Weichs
© 1983 der amerikanischen Originalausgabe: Here's Life Publishers, Inc.,
San Bernadino, Kalifornien
Originaltitel: Jesus — A Biblical Defense of His Diety
Übersetzung: Klaudia Limper
Umschlaggestaltung: Christian Knobeloch
Satz: Typostudio Gerhard Schröder, Puderbach
Druck: Druckhaus Gummersbach
Printed in Germany

ISBN 3-8149-4007-5

Inhaltsverzeichnis

Vorwort

Ursprünglich habe ich mich mit dem christlichen Glauben beschäftigt in der Absicht, ein Buch darüber zu schreiben, das ihn ad absurdum führte. Ich glaubte, es entweder mit einer theologischen Ideologie zu tun zu haben oder mit einem philosophischen Lehrsatz, der mit theologischen Begriffen verbrämt ist. Für mich war das Christentum nichts weiter als eine Religion, die auf den Lehren ihres Gründers basiert. Da gab es einfache religiöse Prinzipien, nach denen es zu leben und Anforderungen, denen es zu entsprechen galt.

Nach umfassenden Forschungen stellte ich jedoch fest, daß das Christentum keine Religion von Männern und Frauen ist, die sich ihren Weg zu Gott durch „gute Werke" erarbeiten. Noch bedeutet es die Befolgung eines Systems von religiösen Ritualen. Es ist vielmehr die Beziehung zu einem lebendigen Gott durch seinen Sohn Jesus Christus. Zu meinem Erstaunen sah ich mich einer *Person* gegenüber, nicht einer Religion. Hier war ein Mensch, der verblüffende Behauptungen über sich selbst aufstellte und gleichzeitig tiefgreifende Ansprüche an *mein* Leben stellte. Jesus war so völlig anders, als ich erwartet hatte. Andere religiöse Führer stellten ihre Lehren in den Vordergrund. Jesus stellte sich selbst in den Vordergrund. Andere fragten: „Wie verhältst du dich zu meinen Lehren?" Jesus fragte: „In welcher Beziehung stehst du zu *mir?*" Mein persönlicher Kampf hatte mich von Angesicht zu Angesicht mit einem Menschen gebracht — Jesus Christus. Aber war er der, der zu sein er behauptete?

In anderen Büchern *(Evidence That Demands a Verdict, More Than a Carpenter, Die Tatsache der Auferstehung usw.)* habe ich einige der biblischen und historischen Zeugnisse dargestellt, die mich davon überzeugt haben, daß Jesus der Sohn Gottes ist. Seit ich diese anderen Bücher geschrieben hatte, verspürte ich das Bedürfnis nach einem Buch, das den biblischen Anspruch Jesu in den Mittelpunkt stellt, Gott in menschlicher Gestalt zu sein, fleischgewordener Gott. Lassen Sie Bart und mich unsere Untersuchungen und Erkenntnisse hier mit Ihnen teilen.

Josh McDowell

Kapitel 1

Jesus Christus ist Gott

Würde man eine Gruppe religiöser Experten von verschiedenen Glaubensrichtungen nach Gottes Beschaffenheit fragen, und wie er sich offenbart habe, so hätte man von jedem in der Gruppe eine andere Meinung zu erwarten. Die Antworten würden einander widersprechen. Wenn wir aber davon ausgehen, daß die Wahrheit nicht relativ ist, könnten sie nicht alle recht haben. Wenn z.B. der eine sagt, Gott sei persönlich, und der andere, Gott sei unpersönlich, dann hat offensichtlich einer von ihnen unrecht. Wer kann mit Sicherheit sagen, wie Gott beschaffen ist? Der Einzige, der es mit Sicherheit sagen kann, ist Gott selbst.

Was wäre also, wenn ein Mitglied der Gruppe aufstünde und sagte: „Um alle Verwirrung um Gott zu beseitigen, verkünde ich Ihnen, daß *ich Gott bin!* Ich bin *der* Weg, *die* Wahrheit und *das* Leben!"?

Das ist nachprüfbar. Entweder ist dieser Mann ein größenwahnsinniger Psychopath oder ein Betrüger, der auf den größten Schwindel aller Zeiten aus ist — oder er ist Gott.

Das ist der Anspruch, den Jesus für sich selbst erhob. Zu sagen, Jesus sei einfach ein guter, moralischer Mann oder ein guter Lehrer gewesen, steht außer Frage. Gute, moralische Männer pflegen nicht zu lügen, weder absichtlich noch unabsichtlich und schon gar nicht mit der Behauptung, Gott, der Allmächtige zu sein. Sie machen sich nicht zum Gegenstand von Glauben und Verehrung und lassen nicht ungezählte Tausende in ihrem Namen für den Glauben sterben. Lassen Sie uns mit diesen Gedanken im Sinn einige Wege betrachten, die Wahrheit über Gott zu ergründen.

Gott wird offenbart

Die Verfasser dieses Buches glauben, daß Gott sich auf verschiedene Weisen offenbart hat, und daß jede von ihnen, mit Hilfe seiner größten Offenbarungen, der Bibel und der Person Jesu, überprüft werden kann.

Zunächst im Hinblick auf die Bibel. Im Gegensatz zu vielen anderen heiligen Schriften nimmt die Bibel eindeutig für sich in Anspruch, das Wort Gottes zu sein. Die meisten Menschen, die sich mit der Auseinandersetzung um die Göttlichkeit Christi befassen, akzeptieren die Bibel als inspiriert. Wir gehen also für dieses Buch davon aus, daß die Bibel historisch zuverlässig ist, Gottes Wort an uns und der einzige zuverlässige Führer ist, um festzustellen, ob Christus fleischgewordener Gott ist oder nicht.

Lassen Sie uns ganz offen sagen, warum wir diesen besonderen Punkt für so wichtig halten. Die große Wahrheit der religiösen Gruppen, die die Göttlichkeit Christi leugnen, andererseits aber der Bibel Lippendienste leisten, setzen andere Werte, Lehren oder Offenbarungen über die Bibel. Indem sie das tun, leugnen oder widerlegen sie oft genau das, was sie angeblich behaupten, die wichtigste historische Quelle für alle Lehren Jesu, das Neue Testament. Warum behaupten, „Christ" zu sein oder mit dem Christentum zu sympathisieren, wenn man nicht gewillt ist, dem Glauben zu schenken, was Jesus wirklich gelehrt hat?

Manche sagen, die Bibel sei im Laufe der Jahrhunderte verwässert worden und daher seien neue Offenbarungen notwendig, aber auch das ist eine unhaltbare Einstellung. Es gibt mehr als 24 600 teilweise oder vollständig erhaltene Manuskripte des Neuen Testaments. (Das nächstbeste dokumentierte Manuskript des Altertums ist die *Ilias und Odyssee* von Homer. 643 Manuskripte sind davon erhalten.) Selbst wenn alle Manuskripte des Neuen Testaments zerstört würden, könnten wir noch, mit Ausnahme von etwa 11 Versen, das gesamte Neue Testament rekonstruieren durch die Schriften der frühen Kirchenväter, die alle vor dem Jahr 325 n. Chr. entstanden sind. Selbst nichtchristliche Historiker müssen einräumen, daß nach allen wissenschaftlichen Maßstäben, die man an irgendein antikes Dokument anlegen kann, das Neue Testament zu *über 99 Prozent* genau ist. Seine Botschaft kann jeder in Frage stellen, nicht aber seine Historizität.[1]

Die Bibel behauptet, die letzte Autorität zur Entscheidung von Fragen der Lehre zu sein (2. Tim. 3,16.17). Für Christen ist jedes Buch, jede Schrift oder Lehre zu verwerfen, die den Inhalt der Bibel verändert. Die Schrift betont diesen Punkt ausdrücklich. Judas schrieb: „...da es mich sehr drängt, euch über unsere gemeinsame Rettung zu schreiben, halte ich es für notwendig, euch mit diesem Brief zu ermahnen: Kämpft für den überlieferten Glauben, der den Heiligen *ein für allemal* anvertraut ist" (Jud. 3).[2] Die Schrift läßt keinen Raum für weitere Lehren, die die Bibel verändern oder ergänzen könnten. Paulus sagte: „...Wer euch aber ein anderes Evangelium verkündigt, als wir euch verkündigt haben, der sei verflucht, auch wenn wir selbst es wären oder ein Engel vom Himmel" (Gal. 1,8, vgl. Off. 22,19; 5. Mose 4,2).
Wenn andere Quellen Anspruch auf göttliche Inspiration erheben, wie es die Bibel tut, müssen sie im Licht der Bibel beurteilt werden. Gott kann sich selbst nicht widersprechen.

Was daher diese späteren Sprecher oder Schreiber auch immer behaupten, es darf nicht in Widerspruch zur Bibel stehen, von der wir schon wissen, daß sie wahr ist. Wenn sie es doch tun, dann wird deutlich, daß sie weder in mündlicher, noch in schriftlicher Form durch Gottes Inspiration sprechen.

Befaßt man sich mit der Frage nach der Göttlichkeit Christi, geht es nicht darum, ob es leicht ist, an die Göttlichkeit Christi zu glauben oder sie gar zu verstehen, sondern darum, ob sie durch das Wort Gottes gelehrt wird. Wenn die Vorstellung zuerst mit menschlicher Vernunft und menschlichem Verständnis unvereinbar scheint, dann schließt das nicht automatisch die Möglichkeit aus, daß sie wahr ist. Unser Universum ist voll von Dingen (wie der Schwerkraft, der Natur des Lichts, den Quasaren), die heute noch über menschliches Verständnis hinausgehen und die trotzdem wahr sind. Die Bibel lehrt, daß Gott für den menschlichen Geist unbegreiflich ist (Hiob 11,7; 42,2-6; Ps. 145,3; Jes. 40,13; 55,8.9; Röm. 11,33). Daher muß man Gott das letzte Wort über sich selbst zugestehen, ob wir es vollkommen begreifen können oder nicht.

Hinsichtlich der Offenbarung Gottes in der Person Jesu sagt die Schrift:

Viele Male und auf vielerlei Weise hat Gott einst zu den Vätern gesprochen durch die Propheten; in dieser Endzeit aber hat er zu uns gesprochen durch den Sohn, den er zum Erben des Alls eingesetzt und durch den er auch die Welt erschaffen hat; er ist der Abglanz seiner Herrlichkeit und das Abbild seines Wesens; er trägt das All durch sein machtvolles Wort (Hebr. 1,1-3).

Jesus Christus ist das *lebendige* Wort Gottes. Er offenbart den Vater. Als einer seiner Anhänger sagte: „Zeig uns den Vater" (Joh. 14,8), antwortete Jesus: „Schon so lange bin ich bei euch, und du hast mich nicht erkannt ...? Wer mich gesehen hat, hat den Vater gesehen" (Vers 9). Der Apostel Paulus nannte Jesus das „Ebenbild des unsichtbaren Gottes" (Kol. 1,15). Auf Jesus zu sehen und zu hören bedeutet daher, wie in diesem Buch gezeigt werden soll, auf Gott zu sehen und zu hören.

Welches sind die Streitpunkte?

Wenn Christus Gott in menschlicher Gestalt war, dann muß man auf ihn wie auf keinen anderen Menschen der Geschichte hören, ihn verehren, ihn sogar anbeten. Es würde bedeuten, daß der Gott, der die Galaxien, die Nebel und die Quasare geschaffen hat, der Milliarden von Sonnen in die Himmel geworfen hat, daß Gott Mensch wurde, auf dieser Erde lebte und umherging und in Unterwerfung unter seine eigene Schöpfung starb. Sein Tod würde unendlich viel mehr bedeuten, als der Tod eines guten Menschen. Es wäre das höchste Opfer aller Zeiten, eine Manifestation unermeßlicher Liebe. Unter solchen Umständen Jesus als einen bloßen Menschen (oder einen Gott unter vielen) zu behandeln, wäre Gotteslästerung. Zu versäumen, das Leben nach seiner Lehre auszurichten, hieße, das Leben selbst zu versäumen.

Wenn andererseits Jesus *nicht* Gott wäre, sondern ein niedrigeres, geschaffenes Wesen, könnte man Dankbarkeit für sein Leben, seinen Tod und seine Lehren empfinden. Aber ihn als Gott zu verehren, wäre ein ungeheurer Fehler; er wäre nichts als ein Abgott, der sich an die Stelle Gottes setzt. Die Bibel nimmt eindeutig Stellung zur Abgötterei. Gott sagt, daß er seinen Ruhm keinem anderen geben will (Jes. 42,8; 48,11), daß es neben ihm keine anderen Götzen (oder Götter) gibt (Jes. 45,5.21.22; Jer. 10,6; 1. Kor. 8,4-6) und daß wir nur Gott allein verehren sollen (5. Mose 6,13.14; Matth. 4,10). So ist Jesus entweder Gott, oder er ist es nicht. In falscher Weise an ihn zu glauben ist entweder eine Form von Blasphemie oder von Abgötterei.

Diese Diskussion kann kompliziert werden, je nachdem, was eine Person gelehrt wurde. Argumente können sowohl für, als auch gegen die Göttlichkeit Christi angeführt werden. Wenn man z.B. gelernt hat, daß Gott eine Person und Jesus ein Geschöpf sei, dann kann man, beim ersten Lesen, Bibelverse finden, die diese Ansicht stützen. Wenn man hingegen gelernt hat, daß Gott ein höchstes Wesen sei, das aus Vater, Sohn und Heiligem Geist besteht, und daß der Sohn seine ebenbürtige Stellung innerhalb der Gottheit aufgegeben hat, um in der Person Jesu Mensch zu werden, dann kann man Schriftpassagen finden, die diese Ansicht stützen. Die Frage lautet also nicht, ob beide Standpunkte einleuchtende Zeugnisse anführen können, sondern vielmehr, welcher hat die *besten* Beweise? Welchen lehrt die Schrift tatsächlich?

Unter Berücksichtigung beider Seiten glauben wir, in der Lage zu sein, mehr als angemessene Antworten auf all die Verse zu geben, die herangezogen werden, um zu beweisen, daß Jesus nicht Gott sei. Wir werden zeigen, daß die Schrift Jesus *jeden* wichtigen Namen und Titel und jede Eigenschaft Gottes zuschreibt: Wir werden durch die Schrift belegen, daß Jesus Verehrung und Anbetung empfing, und wir werden auf alle wichtigen Gegenargumente Antwort geben. Wir werden durch die Kirchengeschichte (vor dem Nicänischen Glaubensbekenntnis im Jahre 325 n. Chr., zu welchem Zeitpunkt dies die offizielle Lehre der Kirche wurde) belegen, daß der Glaube an die Göttlichkeit Jesu *immer* die orthodoxe Auffassung war.

14

Offensichtlich können nicht beide Ansichten richtig sein. Alles wäre einfacher, wenn es sich nur um eine Frage der Aufrichtigkeit handelte, aber das ist nicht der Fall. Es geht darum, welche *wahr* ist (Röm. 10,2).

Definition der Begriffe

Angemessene Definitionen für die Natur Gottes, die Natur der Dreieinigkeit und die Person und Natur Jesu Christi sind unabdingbare Voraussetzung zum Verständnis der vielen Schriftstellen, die die Göttlichkeit Christi betreffen.

1. *Gott:* Die Schrift lehrt, daß Gott persönlich ist, verständnisvoll, liebend, gerecht, treu, ewig, schöpferisch und in ständiger Wechselbeziehung mit seiner Schöpfung. Die Eigenschaften Gottes lassen sich in zwei Gruppen zusammenfassen: *allgemeine* Eigenschaften und *moralische* Eigenschaften. Robert Passantino stellt fest: „Gott ist (gemäß seinen allgemeinen Eigenschaften) einzig, ewig, unveränderlich, allmächtig, allwissend, allgegenwärtig, dreieinig, geistig und persönlich."[3] Er fährt fort: „Die moralischen Eigenschaften Gottes schließen seine Heiligkeit, Gerechtigkeit, Liebe und Treue ein."[4] Der christliche Glaube lehrt, daß Gott heute das Universum erhält und unumschränkt regiert und, wie wir versuchen werden zu zeigen, in Jesus von Nazareth Fleisch wurde.

2. *Dreieinigkeit:* Von allem, was wahr ist und lebt, ist nur Gott dreifaltig oder dreieinig. Wenn wir sagen, Gott sei dreieinig, dann bezeichnen wir damit das Bild Gottes, wie es aus einer Vielzahl von Schriftpassagen entsteht, die die persönliche Natur Gottes beschreiben. Mit dem Begriff dreieinig, von dem das Wort Dreieinigkeit abgeleitet ist, meinen wir, daß Gott als ewig aus drei Personen (Vater, Sohn und

Heiliger Geist) bestehend offenbart wird. Diese drei Personen bilden die Gottheit. Aber es gibt nur *einen* Gott.

Wir meinen *nicht:*
(1) Es gibt einen Gott und drei Götter
(2) Es gibt einen Gott und eine Person mit drei Namen oder Erscheinungsformen oder Manifestationen
(3) Es gibt einen Gott und eine Person, die zu drei getrennten und aufeinanderfolgenden Personen wurde
(4) Es gibt drei Götter, die eine „Familie" bilden
(5) Der eine Gott ist schizophren, d.h. in sich gespalten.

Die biblische Lehre von der Dreieinigkeit kann wie folgt zusammengefaßt werden.

Der eine wahre Gott, wie er schon bestätigt ist (Jes. 43,10; 5. Mose 6,4), besteht aus Vater, Sohn und Heiligem Geist. Jedes Glied der Gottheit wird in der Bibel „Gott" genannt. Der Vater trägt den Namen Gott (Gal. 1,1; Tit. 1,4; usw.). Der Sohn oder das Wort *(logos)* wird wiederholt als Gott bezeichnet in Versen wie Johannes 1,1.14; Apg. 20,28; Joh. 20,28; Tit. 2,13; Hebr. 1,8 usw. Der Heilige Geist wird in verschiedenen Schriftstellen als Gott ausgewiesen (Apg. 5,3-4; 1. Joh. 4,2.3; Hebr. 10,15.16). Der Begriff der Einheit innerhalb der Dreieinigkeit findet sich in einem Vers wie Matthäus 28,19, wo der Vater, der Sohn und der Heilige Geist einen „Namen" ausmachen (Singular im Griechischen).

Ziel dieses Buches ist nicht der Versuch, die Lehre von der Dreieinigkeit zu verteidigen. Wenn jemand einmal den Glauben an die Göttlichkeit Christi gewonnen hat, ist der Glaube an die Existenz Gottes als Vater, Sohn und Heiliger Geist gewöhnlich kein Problem mehr. Wer herausfinden will, was die Bibel zur Dreieinigkeit sagt, kann viele Verse dazu heranziehen (Matth. 3,16.17; Mark. 1,9-11; Luk. 1,35; 3,21.22; Joh. 3,34-36; 14,26; 16,13-15; Apg. 2,32.33.38.39; Röm. 15,16.30; 1. Kor. 12,4-6; 2. Kor. 3,4-6; 13,14; Eph. 1,3-14; 2,18-22; 3,14-17; 4,4-6; 2. Thess. 2,13.14; 1. Tim. 3,15.16; Hebr. 9,14; 10,7.10-15; 1. Petr. 1,2; um nur einige zu nennen).

3. *Jesus Christus:* „Jesus Christus" ist ein Name und ein Titel. Der Name *Jesus* stammt von der griechischen Form des Namens *Jeshua* oder *Joshua,* was bedeutet „Jahwe-Erlöser" oder „der Herr erlöst". Der Titel *Christus* stammt von dem griechischen Wort für Messias (das hebräische Mashiach — Dan. 9,26) und bedeutet „Gesalbter". Zwei Ämter, König und Priester, sind im Gebrauch des Titels *Christus* enthalten. Dieser Titel weist auf Jesus als den verheißenen Priester und König der alttestamentlichen Prophezeiungen.

Darüber hinaus glauben wir, daß Jesus zwei Naturen besitzt, die menschliche und die göttliche; daher sind wir der Ansicht, daß Jesus (seiner Natur nach) vollkommen Gott ist und trotzdem vollkommen Mensch — Gott in menschlicher Gestalt offenbart.

Die Bibel beschreibt die doppelte Natur Jesu als Gott und Mensch wie folgt:

Seid untereinander so gesinnt, wie es dem Leben in Christus Jesus entspricht: Er war Gott gleich (seine göttliche Natur), hielt aber nicht daran fest, wie Gott (der Vater) zu sein, sondern er entäußerte sich und wurde wie ein Sklave (seine menschliche Natur) und den Menschen gleich. Sein Leben war das eines Menschen; er erniedrigte sich und war gehorsam bis zum Tod, bis zum Tod am Kreuz. Darum hat ihn Gott (der Vater) über alle erhöht und ihm den Namen verliehen, der größer ist als alle Namen, damit alle im Himmel, auf der Erde und unter der Erde ihre Knie beugen (Anbetung) vor dem Namen Jesu und jeder Mund bekennt: „Jesus Christus ist der Herr" (Gott, der Sohn) — zur Ehre Gottes, des Vaters (Phil. 2,5-11).

17

Mit diesen Arbeitsdefinitionen von Gott, der Dreieinigkeit und Jesus wollen wir versuchen, noch eine weitere Frage zu beantworten, bevor wir beginnen, die Schriftzeugnisse für die Göttlichkeit Christi zu betrachten.

Warum wollte Gott Mensch werden?

Wie können endliche menschliche Wesen, wie wir selbst, einen unendlichen Gott begreifen? Es würde jedem von uns schwerfallen, abstrakte Begriffe wie Wahrheit, Güte oder Schönheit ohne sichtbare Beispiele zu verstehen. Wir erfahren Schönheit, wie sie an einem schönen Gegenstand sichtbar wird, die Güte, wie sie sich in einem guten Menschen zeigt und so fort. Aber wie ist es mit Gott? Wie kann irgend jemand die Natur Gottes erfassen?

Wir könnten es in einem gewissen Maße, wenn Gott selbst sich in einer Form zeigte, die menschliche Wesen verstehen können — als Mensch. Wenn dieser Mensch zu seinen Lebzeiten auch nicht die Ewigkeit und Allgegenwart Gottes zum Ausdruck bringen würde (dazu gäbe es weder Zeit noch Raum), so könnte er doch die Natur Gottes sichtbar machen.

Das ist die Botschaft des Neuen Testaments. Paulus sagte von Christus: „...in ihm allein wohnt wirklich *die ganze Fülle Gottes*" (Kol. 2,9). Jesus wurde Mensch, damit die Menschen zu einem Verständnis des unendlichen Gottes gelangen können.

Ein weiterer Grund für Gott, Mensch zu werden, war, den Abgrund zwischen Gott und Menschheit zu überbrücken. Wäre Jesus „nur" ein Mann oder ein Geschöpf gewesen, die ungeheure Größe des Abgrunds zwischen Gott und Mensch — dem Unendlichen und dem Endlichen,

18

dem Schöpfer und dem Geschöpf, dem Heiligen und dem Unheiligen — wäre bestehen geblieben. Damit wir imstande sind, Gott zu kennen, mußte Gott zu uns herabsteigen. Kein erschaffenes Wesen hätte die gewaltige Kluft zwischen Gott und Menschen überbrücken können, ebensowenig wie ein Stück Lehm sich anmaßen könnte, die Höhe des Bildhauers zu verstehen und zu erreichen. Aus Liebe hat Gott den Schritt zu uns herab gemacht. Er wollte einen Weg öffnen, damit alle ihn erkennen mögen.

Kapitel 2

Jesus Christus hat die
Namen und Titel Gottes inne

Das stärkste Argument für die Göttlichkeit Christi ist das,
was die Zeitgenossen Jesu am meisten aufbrachte. Er nahm
die alttestamentlichen Namen und Titel Gottes für sich in
Anspruch, und er erlaubte auch anderen, ihn mit diesen
Namen und Titel anzusprechen. Als Jesus sich mit diesen
Attributen der Gottheit bezeichnete, ärgerte das die Führer
der Juden so sehr, daß sie versuchten, ihn wegen Gotteslästerung zu töten. Die jüdischen Autoritäten hatten keine
Zweifel. Dieser Lehrer aus Galiläa behauptete, der allmächtige Gott zu sein.

Man könnte einwenden, daß der Anspruch Jesu auf
diese göttlichen Namen und Titel ihn und Gott noch nicht zu
ein und demselben machen. Viele Menschen können den
selben Namen und Titel haben. Anders ausgedrückt,
Johannes Schmidt kann Mann, Ehemann, Freund und
Geschäftsführer sein, alles zur gleichen Zeit. Manche
Namenund Titel sind jedoch exklusiv und können nur von
einer Person getragen werden. Zum Beispiel kann es zu
jeder Zeit nur einen Präsidenten eines bestimmten Staates
geben. Viele der Namen und Titel, die die Bibel Jesus gibt,
waren solche, die nur eine Person rechtmäßig tragen
konnte — und das war Gott.

Jahwe (Jehova)

Jesus nahm für sich den Namen Gottes in Anspruch, der von den Juden am meisten verehrt wurde, einen Namen, den man als so heilig betrachtete, daß die Juden ihn nicht einmal aussprachen: JHWH (heute oft Jahwe oder Jehova geschrieben).

Gott offenbarte seinem Volk die Bedeutung dieses Namens erstmals in 2. Mose 3. Nachdem Moses Gott gefragt hatte, mit welchem Namen Gott angesprochen werden sollte, antwortete der Herr: *„Ich bin, der ich bin ... So sollst du zu den Kindern Israel sagen: ,Ich bin', der hat mich zu euch gesandt"* (2. Mose 3,13.14).

Der Ausdruck *Ich bin* ist *nicht* das Wort JHWH. Doch es ist eine Ableitung von dem Verb „sein", von dem auch der göttliche Name Jahwe (JHWH) in 2. Mose 3,15 abgeleitet ist. Daher stellt der Titel *Ich bin, der ich bin,* den Gott Moses angab, einen längeren Ausdruck seines ewigen Seins dar, der in Vers 15 zu dem göttlichen Namen JHWH verkürzt wurde. Die Septuaginta, die griechische Übersetzung des hebräischen Alten Testaments, gab den ersten Gebrauch des Ausdrucks *Ich bin* in 2. Mose 3,14 mit *ego eimi* wieder. (Griechisch war die Umgangssprache zu Jesu Lebzeiten, und es ist die Sprache, in der das Neue Testament geschrieben wurde.)

Zur Zeit Jesu war also die betonte Form des „ich bin" *(ego eimi)* im Griechischen das Äquivalent zum hebräischen *Jahwe.* Je nach dem Kontext konnte es eine nachdrückliche Art sein zu sagen „Ich bin es" (wie in Joh. 9,9), oder es konnte der Name Gottes selbst sein, das ewige *Ich bin.*

Bei mehreren Gelegenheiten hat Jesus den Ausdruck *ego eimi* für sich selbst so verwendet, wie er nur von Gott verwendet werden kann. Das deutlichste Beispiel dafür ist, als die Juden zu Jesus sagten: „Du bist noch keine 50 Jahre alt und willst Abraham gesehen haben? Jesus erwiderte ihnen: Amen, amen, ich sage euch: Noch ehe Abraham wurde, bin ich (griechisch: *ego eimi*). Da hoben sie Steine auf, um sie auf ihn zu werfen" (Joh. 8,57-59). Die Juden wollten ihn wegen der Vermessenheit dieses Anspruchs auf Göttlichkeit töten. Das Alte Testament war eindeutig. Die vorgeschriebene Strafe für Gotteslästerung war das Steinigen bis zum Tode (3. Mose 24,16).

Auch bei anderen Gelegenheiten hat Jesus sich diesen Titel beigelegt. Früher im selben Kapitel erklärte Jesus: „... wenn ihr nicht glaubt, daß ich es bin *(ego eimi)*, werdet ihr in euren Sünden sterben" (Joh. 8,24). Im Griechischen erscheint das Wort *es* nicht. Dort heißt es einfach: „... wenn ihr nicht glaubt, daß ich bin ..." Er sagte zu den Juden: „Wenn ihr den Menschensohn erhöht habt, dann werdet ihr erkennen, daß Ich es bin *(ego eimi)*" (Joh. 8,28). Wieder fehlt das *es* im Griechischen.

Jesus bekräftigte seine Göttlichkeit immer wieder. Als jüdische Tempelwächter zusammen mit römischen Soldaten in der Nacht vor seiner Kreuzigung kamen, um ihn festzunehmen, fragte Jesus sie: „Wen sucht ihr? Sie antworteten ihm: Jesus von Nazareth. Er sagte zu ihnen: Ich bin es *(ego eimi)* ... Als er zu ihnen sagte: Ich bin es!, wichen sie zurück und stürzten zu Boden" (Joh. 18,4-6). Sie waren unfähig, der Macht seines Anspruchs und der Macht seiner Person standzuhalten.

Die Verfasser des Neuen Testaments, überzeugt davon, daß Jesus Christus Gott war, sahen kein Problem darin, diejenigen Passagen des Alten Testaments, die von JHWH (Jahwe) handelten, auf Jesus zu beziehen.

Am Anfang seines Evangeliums zitiert Markus Jesajas Hinweis auf Gott: „Horch, es ruft: In der Wüste bahnet den

Weg des Herrn; machet in der Steppe eine gerade Straße unserm Gott" (Jes. 40,3). Markus erklärte, dieser Abschnitt sei in Erfüllung gegangen durch die Wegbereitung Johannes des Täufers für Jesus (Mark. 1,2-4; vgl. Joh. 1,23).

Paulus zitiert Joel 2,32: „Ein jeder aber, der den Namen des Herrn (Jahwe) anruft, wird gerettet." Paulus bezog dieses Zitat auf Jesus, indem er über ihn schrieb: „Denn jeder, der den Namen des Herrn anruft, wird gerettet werden" (Röm. 10,13).

Petrus zitierte denselben Vers Joels. „Und es wird geschehen: Jeder, der den Namen des Herrn anruft, wird gerettet" (Apg. 2,21). Als die Menschen ihn fragten, was sie tun sollten, um gerettet zu werden, sagte Petrus zu ihnen: „Kehrt um, und jeder von euch lasse sich auf den Namen Jesu Christi taufen..." (Apg. 2,38). Nachdem er gerade erklärt hatte, die Anrufung des Namens des Herrn (Jahwe) sei eine Voraussetzung für die Rettung, sagt Petrus ihnen nun, sie sollen sich taufen lassen im Namen Jesu Christi. Hätte Petrus Christus nicht als Gott betrachtet, sollte man erwarten, daß er ihnen empfohlen hätte, sich im Namen Jahwes taufen zu lassen, was mit Praxis und Glauben der Juden in Übereinstimmung gewesen wäre.

Vielleicht noch wichtiger als die Tatsache, daß die Jünger Jesus diese Bezeichnung gaben, ist, daß auch seine Feinde erkannten, daß er behauptete, Gott zu sein. Ein feindseliger Zeuge stellt vor Gericht immer ein starkes Beweismittel dar. Zum Beispiel sagte Jesus, wie später noch ausgeführt werden soll:

Ich und der Vater sind eins. Da hoben die Juden wiederum Steine auf, um ihn zu steinigen. Jesus hielt ihnen entgegen: Viele gute Werke habe ich im Auftrag des Vaters vor euren Augen getan. Für welches dieser Werke wollt ihr mich steinigen? Die Juden antworteten ihm: Wir steinigen dich nicht wegen eines guten Werkes, sondern wegen

Gotteslästerung; denn du bist nur ein Mensch und machst dich selbst zu Gott (Joh. 10,30-33).

Es gibt keinen Zweifel daran, für wen Jesus sich nach Meinung der jüdischen Führer ausgab. Daher konzentrierte sich die Hauptanklage der Feinde Jesu nicht auf das, was er tat, sondern vielmehr auf das, was zu sein er behauptete: Gott.

Gott

Das griechische Wort für *Gott,* das im Neuen Testament mehrere hundert Mal für Gott gebraucht wird, ist *Theos* (entsprechend dem hebräischen *Elohim* im Alten Testament). Bei mehreren Gelegenheiten wird Jesus zur Unterscheidung von falschen Göttern mit diesem Namen genannt.

Das biblische jüdisch-christliche Bild von dem einen Gott steht in Gegensatz zur hinduistischen und buddhistischen Religion, die jeweils das wahre Selbst des Menschen als eins erklären mit Gott oder mit der letzten Wahrheit. Zum Beispiel fällt es den meisten Gurus in diesem Land nicht schwer zu sagen: „Ich bin Gott" und ihre Tausende von Anhängern dasselbe zu lehren. Selbstverständlich hat jemand, der glaubt, innerlich schon Gott zu sein, nicht das Bedürfnis, Gott im christlichen Sinne zu suchen oder einen persönlichen Erlöser zu akzeptieren. Anders ist das im Neuen Testament, das in den jüdischen monotheistischen Rahmen gesetzt ist, der Gott und seine Schöpfung klar voneinander abgrenzt. Vor diesem kulturellen Hintergrund hätte Jesus nicht mit dem Namen Gott bezeichnet werden dürfen, wäre er nicht als der „eine Gott" angesehen worden (5. Mose 6,4), da es im jüdischen Denken keine „anderen Götter" gab.

24

C. S. Lewis schreibt:

Ein Versuch besteht darin zu behaupten, der Mann habe diese Dinge nicht wirklich gesagt, sondern seine Anhänger haben die Geschichte übertrieben, und so sei die Legende entstanden, daß er sie gesagt habe. Das ist deshalb schwierig, weil seine Anhänger alle Juden waren; das heißt, sie gehörten dem Volk an, das mehr als alle anderen davon überzeugt war, es gebe nur einen Gott — es könne keine anderen geben. Es ist sehr merkwürdig, daß diese furchtbare Erfindung über einen religiösen Führer ausgerechnet in dem einen Volk auf der ganzen Erde entstanden sein soll, bei dem dieser Fehler am wenigsten wahrscheinlich ist. Im Gegenteil gewinnen wir den Eindruck, daß es weder seinen Anhängern, noch selbst dem Verfasser des Neuen Testaments leicht fiel, die Lehre anzunehmen.[1]

Gott stand getrennt von seiner Schöpfung. Die Menschen waren keine Erweiterung Gottes.

Es folgen nun elf Beispiele aus dem Neuen Testament, in denen Christus Gott genannt wird.

1. In Hebräer 1, wo die Herrschaft Christi über Engel und Propheten dargestellt wird, sagt der Verfasser des Hebräerbriefes: „Von dem *Sohn* aber (sagt Gott): Dein Thron, *o Gott (Theos),* steht für immer und ewig." Der eben zitierte Vers, Hebräer 1,8, ist wiederum ein direktes Zitat aus Psalm 45,7, wo „Gott" zu „Gott" spricht. In dieser Übersetzung ist Hebräer 1,8 eine korrekte Wiedergabe des griechischen Texts, wenn es auch in einigen Fassungen anders übersetzt wird.[2]

2. Petrus nannte Christus „Gott" *(Theos).* Er schrieb: „Simon Petrus, Knecht und Apostel Jesu Christi ... durch die Gerechtigkeit *unseres Gottes und Retters* Jesus Christus..." (2. Petr. 1,1), wobei *Jesus Christus* hier auf Gott und Retter bezogen wird.

Im ursprünglichen neutestamentlichen Griechisch bezeichnet man dies als Granville Sharpe-Konstruktion. Ein

Artikel erstreckt sich auf beide Substantive (*Gott* und *Retter*). Die griechische Konjunktion *und* (griechisch: *kai*) verbindet zwei Substantive untrennbar miteinander. Dies bedeutet, daß die Apposition (die Erläuterung), *Jesus Christus,* sich auf *Gott* und *Retter* beziehen *muß.* Jesus Christus *ist* unser Gott und Retter. Die Grammatiker betonen, daß nur eine Person gemeint ist und nicht zwei. Winer Schmeidels *Grammatik* (S. 158) sagt: „Die Grammatik verlangt, daß eine Person gemeint ist." A. T. Robertsons *World Pictures in the New Testament* (Wortbilder im Neuen Testament) (Bd. 6, S. 147) stellt fest: „Eine Person, nicht zwei." (Vgl. Moultons *Grammar,* Bd. 3, S. 181 und Dana und Manteys *A Manual Grammar of NT Greek,* (S. 147). Alle stimmen überein, daß Jesus Christus der „große Gott und Retter" ist.

3. Dieselbe Granville Sharpe-Konstruktion verwendete auch Paulus, als er Titus aufforderte, „auf das Erscheinen der Herrlichkeit unseres großen Gottes und Retters Christus Jesus" zu warten (Tit. 2,13).

4. Thomas, der die Auferstehung bezweifelte, sagte: „Wenn ich nicht die Male der Nägel an seinen Händen sehe, und wenn ich meinen Finger nicht in die Male der Nägel und meine Hand nicht in seine Seite lege, glaube ich nicht" (Joh. 20,25). Als Jesus dem Thomas erschien, sagte er: „Streck deinen Finger aus — hier sind meine Hände! Streck deine Hand aus und leg sie in meine Seite, und sei nicht ungläubig, sondern gläubig" (Vers 27). Thomas antwortete: „Mein Herr und *mein Gott (Theos)!"* (Vers 28). Es gibt keinen Zweifel, daß Thomas Worte an Jesus gerichtet waren. Thomas benutzte beide Titel um auszudrücken, daß er die Göttlichkeit und Herrschaft Christi erkannte. Jesus tadelte Thomas nicht wegen Gotteslästerung, vielmehr akzeptierte er diese Titel Gottes.

5. In Apostelgeschichte 2,36 heißt es: „Gott hat ihm zum Herrn und Messias gemacht." Vers 39 spricht von Gott als „der Herr, unser Gott", und so ist Christus nicht nur der Herr (Vers 36), sondern auch Gott (Vers 39). In Apostelgeschichte 10,36 wird dieser Punkt bekräftigt durch die Bezeichnung Christi als „der Herr aller".

6. Apostelgeschichte 16,31 und 34 zeigen den Glauben an den Herrn Jesus als Glauben an Gott.

7. Offenbarung 7,10-12.17 lautet: „Sie riefen mit lauter Stimme: Die Rettung kommt von unserem Gott, der auf dem Thron sitzt, und von dem Lamm. Und alle Engel standen rings um den Thron, um die Ältesten und die vier Lebewesen. Sie warfen sich vor dem Thron nieder, beteten Gott an und sprachen: Amen, Lob und Herrlichkeit, Weisheit und Dank, Ehre und Macht und Stärke unserem Gott in alle Ewigkeit. Amen. ... Denn das Lamm in der Mitte vor dem Thron wird sie weiden und zu den Quellen führen, aus denen das Wasser des Lebens strömt, und Gott wird alle Tränen von ihren Augen abwischen." Beachten Sie, daß es in Vers 10 Gott ist, der auf dem Thron sitzt und in Vers 17 das Lamm (Jesus) in der Mitte vor dem Thron. Wer ist in der Mitte des Throns? Zu sagen, daß Jesus in der Mitte ist und dennoch seine Göttlichkeit zu bezweifeln, hieße, Gott seiner zentralen Stellung im Himmel zu berauben, eine unhaltbare Einstellung.

8. In Apostelgeschichte 18 ist der „Weg des Herrn ... die Lehre von Jesus" (Vers 25), dasselbe wie der „Weg Gottes" (Vers 26).

9. Eine andere Bezeichnung für den Messias war der Name *Immanuel* (Jesaja 7,14), was wörtlich übersetzt „Gott mit uns" bedeutet. In Matthäus 1,23 ist dieser Titel eindeutig auf Jesus bezogen: „Seht, die Jungfrau wird ein Kind empfangen, einen Sohn wird sie gebären, und man wird ihm den Namen Immanuel geben, das heißt übersetzt: Gott ist mit uns."

10. Jesaja 9,6 lautet: „Denn ein Kind ist uns geboren, ein Sohn ist uns gegeben, und die Herrschaft kommt auf seine Schulter, und er wird genannt: Wunderrat, starker Gott, Ewigvater, Friedefürst." Diese Prophezeiung über Jesus, den Messias, zeigt, daß einer seiner Namen „starker *Gott*" lauten wird, was auf Hebräisch *El Gibbor* heißt. Derselbe Ausdruck wird in Jesaja 10,21 für Jahwe gebraucht. Der springende Punkt ist, daß der Heilige Geist das Kind Jesus mit solchen Namen bezeichnete. Wenn die Namen nicht dazu bestimmt waren, die Natur des Kindes auszudrücken, wäre es eine Täuschung gewesen. „Er heißt" bedeutet „so ist er" und nicht „das bedeutet sein Name, aber er ist nicht das, was er aussagt".

Wie Herbert C. Leupold sagt: „Dies sind die Eigenschaften, die er besitzen wird ... er trägt diese Namen, weil er tatsächlich die Person *ist*, die die Namen beschreiben."[3] Wenn Jesus nicht der starke Gott ist, dann ist er auch nicht der „Wunderrat" oder der „Friedefürst". Und wenn er nichts davon ist, warum dann überhaupt solche Ausdrücke gebrauchen? Warum den Sinn eines Namens erklären, wenn er keine Bedeutung hat? Aber, wie der Rest von Jesaja und das Alte Testament zeigen, *ist* der Messias ein wunderbarer Ratgeber und ein Friedensfürst (Jes. 42 und 49; vgl. Sach. 9,9.10; Micha 5,4). Und wie das Neue Testament beweist, ist er auch der Allmächtige Gott (Joh. 1,1; Tit. 2,13).

11. Johannes 1,1.14 lautet: „Im Anfang war das Wort, und das Wort war bei Gott, und das Wort war Gott *(Theos)* ... Und das Wort ist Fleisch geworden und hat unter uns gewohnt." Es gibt keine andere Passage über die Göttlichkeit Christi, die häufiger zitiert oder kontroverser diskutiert würde, als Johannes 1,1. Es ist kaum eine Frage, daß „das

Wort" sich auf Jesus bezieht, da Vers 14 sagt: „Und das Wort ist Fleisch geworden und hat unter uns gewohnt." Nimmt man die Verse 1 und 14 wörtlich, so lehren sie die Göttlichkeit Christi; sie besagen, das Wort war „bei Gott", „war Gott" und „ist Fleisch geworden".

Um nach dem Lesen dieser Verse die Göttlichkeit Christi noch zu leugnen, müßte man Johannes 1,1 entweder falsch übersetzen oder uminterpretieren. Eines der Beispiele dafür, wie Johannes 1,1 falsch übersetzt wird, ist die Wiedergabe des Satzes „das Wort war Gott" mit „das Wort war *ein* Gott". Das Problem bei dieser Übersetzung ist, daß der griechische Text den Gebrauch des unbestimmten Artikels „ein" vor „Gott" nicht zuläßt.

Dr. Ernest Cadman Colwell von der Universität von Chicago schreibt:

„Das bestimmte Nominativ-Nomen hat den Artikel, wenn es dem Verb folgt; es hat den Artikel nicht, wenn es vor dem Verb steht. ... Der Anfangsvers des Johannesevangeliums enthält eine der vielen Passagen, in denen diese Regel nahelegt, ein Nomen als bestimmtes Substantiv zu übersetzen. Das Fehlen des Artikels (vor *theos*) macht das Nomen *nicht* unbestimmt oder qualitativ, wenn es vor dem Verb steht, es ist in dieser Position nur dann unbestimmt, wenn der Kontext es verlangt. Der Kontext im Johannesevangelium stellt keine solche Forderung; denn diese Feststellung kann nicht als sonderbar betrachtet werden im Prolog des Evangeliums, das seinen Höhepunkt im Bekenntnis des Thomas erreicht."[4]

F. F. Bruce, ein Experte für biblische Sprachen, sagt, die Übersetzung des Ausdrucks mit „ein Gott" sei eine schreckliche Fehlübersetzung, da das Auslassen des unbestimmten Artikels bei Substantiven in prädikativer Konstruktion üblich ist.[5]

So ist Johannes 1,1 einer der klarsten Verse im Neuen Testament, die die absolute Göttlichkeit Christi zum Ausdruck bringen. Die Konstruktion ist von vielen der großen Griechisch- und Bibelgelehrten der Welt diskutiert worden. Wir könnten den Vers ungefähr folgendermaßen frei wiedergeben: „Bevor irgend etwas existierte, existierte schon das Wort. Es stand in enger Beziehung zu Gott und was Gott war, war auch das Wort."

Wie F. F. Bruce über Vers 1 sagt: „... Die Betonung liegt ‚und das Wort war Gott'."[6]

Manchmal fragen die Leute, wie Jesus gleichzeitig „Gott" und „bei Gott" sein konnte. Die Antwort darauf findet sich im Konzept der Dreieinigkeit: ein Gott in drei ewigen Personen. Das *Wort* von Johannes 1,1 war bei den anderen Personen der Dreieinigkeit, und es war seiner Natur nach selber Gott.

Eine Gruppe, die als „The Way International" bekannt ist, interpretiert Jesus als „Wort" in dem Sinne, daß er ein Ausdruck Gottes sei, genau wie unsere Worte ein Ausdruck von uns selbst sind. Der „Way" glaubt nicht, daß Jesus das Wort im Sinne von Gott war. Um diese Interpretation zu stützen, behaupten die Anhänger, daß Johannes 1,1-18 in erster Linie von Gott spricht, nicht von Jesus; daß diese Verse, sprächen sie von Jesus, diesem Eigenschaften zuschreiben würden, die nur Gott besitzen kann. Daher versuchen sie, so weit wie möglich, Jesus aus dem Rampenlicht zu ziehen, indem sie sagen, das alleinige Ziel von Johannes 1 sei es, auf Gott zu verweisen.

Es gibt jedoch Schwierigkeiten mit ihrer Interpretation. Erstens, die Reihe der Pronomen *er* und *ihn* in Johannes 1 macht wenig Sinn, wenn sie sich hauptsächlich auf Gott beziehen, statt auf Jesus, da es das ganze Ziel des Johannesevangeliums ist, daß die Menschen an *Jesus* glauben sollen. In dem Schlüsselvers des Evangeliums sagt Johannes: „... Diese aber sind aufgeschrieben, damit ihr glaubt, daß

Jesus der Messias ist, der Sohn Gottes" (Joh. 20,31). Es scheint daher nur logisch, daß die Einleitung des Johannes mit diesem Hauptthema verknüpft ist.

Zweitens, alles, was die ersten 18 Verse von Johannes 1 über Jesus aussagen, wird an anderen Stellen des Evangeliums oder des Neuen Testaments wiederholt. Einige Beispiele:

Kapitel 1	*Parallelstellen*
Verse 3 und 10: *Er* schuf die Welt	Jesus hat die Welt erschaffen (Hebr. 1,1.2.8-13; Kol. 1,16-18
Vers 4: „In *ihm* war das Leben"	Jesus sagte, er sei das „Brot des Lebens", „die Auferstehung und das *Leben*", der Weg, die Wahrheit und das *Leben*" (Joh. 6,35.48.51; 11,25; 14,6). Johannes 20,31 besagt, daß die Menschen das *Leben* haben können durch den Glauben an Jesus.
Verse 4 und 9: *Er* war das „Licht der Menschen" und das „wahre Licht"	Jesus sagte, er sei das „*Licht* der Welt" (Joh. 8,12; 9,5)
Vers 10: „*Er* war in der Welt"	Wer? Folgerichtig weist der Vers auf Jesus. Den gesamten Rest des Johannesevangeliums hindurch liegt die Betonung darauf, daß Jesus in die Welt gekommen ist (Joh. 3,17; 6,33 usw).
Vers 11: „*Er* kam in *sein* Eigentum, aber die *Seinen* nahmen *ihn* nicht auf."	Die Juden wiesen Jesus zurück, nicht Gott, wie sie ihn verstanden (vgl. Joh. 3,32). Indem sie Jesus zurückwiesen, glaubten sie, Gottes Willen zu tun.

31

Vers 12: „*Allen aber, die ihn* auf-nahmen, gab *er* Macht, Kinder Gottes zu werden, allen, die an *seinen* Namen glauben."

Sein ganzes Evangelium hin-durch macht Johannes klar, daß die Menschen an Jesus glauben sollen (Joh. 3,16-18; 5,24; 12,44; 20,31 usw.). Jesus ver-leiht ewiges Leben (Joh. 10,28).

Alpha und Omega: Der Erste und der Letzte

Die Begriffe *Alpha* und *Omega* geben eine wunderschöne und erschreckende Beschreibung Gottes. Lange bevor die Sterne die Himmel füllten und unser Universum existierte, war Gott. Er ist von Ewigkeit zu Ewigkeit. 1. Mose 1,1 sagt: „Im Anfang ... Gott..." Gott allein hat Anspruch auf die Titel *Alpha* (der Erste) und *Omega* (der Letzte).

So bringen diese Namen die ewige Natur Gottes zum Ausdruck. Er ist Quelle und Bestimmung aller Schöpfung. Kein Geschöpf könnte jemals rechtmäßig beanspruchen, der Erste und Letzte alles Existierenden zu sein.

Jesus und Gott werden beide in der Schrift als *Alpha* und *Omega,* der Erste und der Letzte, bezeichnet.

Gott	*Jesus*
Jesaja 41,4: „Ich, der Herr, der ich der Erste und bei den Letzten derselbe bin."	Offenbarung 1,17.18: „...Ich bin der Erste *(protos)* und der Letzte *(eschatos)* und der Leben-dige. Ich war tot, doch nun lebe ich in alle Ewigkeit..."
Jesaja 48,12: „Ich bin's! Ich bin der Erste, ich bin auch der Letzte!"	Offenbarung 2,8: „An den Engel der Gemeinde in Smyrna schrei-be: So spricht Er, der Erste und der Letzte, der tot war und wie-der lebendig wurde."

Offenbarung 1,8: „Ich bin das Alpha und das Omega, spricht Gott, der Herr, der ist und der war und der kommt, der Herrscher über die ganze Schöpfung." Offenbarung 21,6.7: „Ich bin das Alpha und das Omega, der Anfang und das Ende. Wer durstig ist, den werde ich umsonst aus der Quelle trinken lassen, aus der das Wasser des Lebens strömt. Wer siegt, wird dies als Anteil erhalten: Ich werde sein Gott sein, und er wird mein Sohn sein."

Offenbarung 22,12-16: „Siehe, ich komme bald... Ich bin das Alpha und das Omega, der Erste und der Letzte, der Anfang und das Ende... Ich, Jesus, habe meinen Engel gesandt als Zeugen für das, was die Gemeinden betrifft.

Die Bedeutung der zitierten Stellen aus dem Buch der Offenbarung ist nicht zu unterschätzen. Sie stellen einige der überzeugendsten und klarsten Beispiele für den Anspruch Christi auf Göttlichkeit dar. Es kann keine zwei Erste und Letzte, zwei Alphas und Omegas geben.

Herr

Der Titel *Herr* wird in beiden Testamenten frei als Bezeichnung für Gott und Jesus benutzt. Das hebräische Wort für Herr im Alten Testament war *Adonai:* In der Septuaginta und dem Neuen Testament ist das Wort, das mit „Herr" übersetzt wird, *Kyrios.* Sowohl *Adonai,* als auch *Kyrios* wurde von den Juden für Gott verwendet.

Im Neuen Testament besaß *Kyrios* zwei Bedeutungen, eine allgemeine und eine heilige. Der allgemeine Gebrauch war ein höflicher Gruß im Sinne von „Herr" oder „Meister". Der heilige Sinn bedeutete Göttlichkeit. Einige Stellen des Neuen Testaments verwenden das Wort *Herr* offensichtlich als Ausdruck des Respekts für Jesus (Joh. 4,11). Da die frühen Christen monotheistisch waren, wie die Juden, wäre es ein starker Beweis dafür, daß sie Christus für Gott hielten, wenn sie das Wort *Herr* im heiligen Sinne für Jesus gebrauchten. Wie Hogg und Vine feststellen:

> Die volle Bedeutung dieser Vereinigung Jesu mit Gott unter dem einen Namen, „Herr", wird deutlich, wenn man bedenkt, daß diese Männer zu dem einzigen monotheistischen Volk in der Welt gehörten. Jemanden, der als Geschöpf bekannt war, sei er auch noch so erhöht, mit dem Schöpfer zu vereinigen, für heidnische Philosophen vielleicht möglich, war für einen Juden vollkommen unmöglich.[7]

Die Römer, die die Kaiser als Gott verehrten, grüßten einander oft, indem sie sagten „Caesar ist Herr". Ein Grund für die Verfolgung der frühen Christen und der Juden war, daß sie sich weigerten, dem Kaiser diese Ehre zu geben. Diese Praxis mag auch die Bedeutung des christlichen Satzes „Jesus ist Herr" erklären, d.h. *Herr* wurde im Sinne von Gott verwendet.

Es gibt in der Schrift verschiedene klare Beispiele dafür, daß Jesus im heiligen Sinne als „Herr" bezeichnet wurde. Paulus schreibt: „Keiner, der aus dem Geist Gottes redet ... kann sagen: Jesus ist der Herr!, wenn er nicht aus dem Heiligen Geist redet" (1. Kor. 12,3). Manche könnten einwenden: „Ich glaube an Jesus als ‚meinen Herrn', aber ich glaube nicht, daß er Gott ist." Die wichtige Frage lautet, was mit dem Wort *Herr* gemeint ist. Jeder kann die Worte „Jesus ist Herr" aussprechen und manche meinen es sogar im Sinne von Meister, aber das ist es nicht, wovon Paulus spricht. Mehrere Dinge zeigen, daß Paulus eine Feststellung über die Göttlichkeit Jesu trifft.

1. Paulus beginnt das 12. Kapitel des 1. Korintherbriefes, indem er von den Gaben des Geistes und der Tatsache

spricht, daß die Korinther früher Götzen *als Götter* angebetet haben. Im Gegensatz zu diesen falschen Göttern (Verse 1.2), erklärt Paulus, daß niemand aus dem Geist Gottes sagen kann „Jesus sei verflucht", und keiner kann behaupten, „Jesus ist der Herr" außer durch den Heiligen Geist, was voraussetzt, daß Jesus, der Herr, der *wahre Gott* ist, würdig der Anbetung.

2. In Vers 3 behandelt Paulus den Geist, Jesus und Gott auf gleicher Ebene. Die Verse 4-6 zeigen außerdem:

Vers 4: Verschiedenheit der Gaben, aber derselbe *Geist;*

Vers 5: Verschiedenheit der Dienste, aber derselbe *Herr* (d.h. Jesus, Vers 1);

Vers 6: Verschiedenheit der Kräfte, aber derselbe *Gott.*

Wenn Jesus nicht Gott ist, warum wird er dann in Vers 5 gleichgestellt? In den Versen 11 und 18 werden der Geist und Gott wieder als Synonyme behandelt.

Sollte man eine Person, die die Göttlichkeit Christi leugnet, fragen, ob er oder sie „zum *Herrn* bete", dann müßte diese Person fragen: „Wen meinen Sie?" Das ist der Punkt. Im gesamten Neuen Testament werden Gott und Jesus beide Herr genannt. Die übliche Antwort, die er oder sie uns wohl geben würde, lautet: „Ich bete zu Gott, aber nicht zu Jesus." Zur Entgegnung gibt es im Neuen Testament fünf Beispiele dafür, daß zu Jesus als dem Herrn (oder Sohn Gottes) im Himmel gebetet wird.

1. In Apostelgeschichte 7,59.60 ruft Stephanus zu Jesus, dem Herrn. Als er gesteinigt wird, betet er: „Herr Jesus, nimm meinen Geist auf!" Das zeigt seinen Glauben daran, daß Jesus mehr als ein Mensch war, mächtig genug, um seinen Geist aufzunehmen. „Dann sank er in die Knie und schrie laut: Herr, rechne ihnen diese Sünde nicht an!" Ein

frommer hellenistischer Jude würde zu niemand beten, der geringer wäre als Gott.

2. In 1. Korinther 1,2 schreibt Paulus an die „Geheiligten ... die den Namen Jesu Christi, unseres Herrn, überall anrufen."

3. In 2. Korinther 12,8.9 spricht Paulus von seinem „Stachel im Fleisch". Er schreibt: „Dreimal habe ich den *Herrn* angefleht, daß dieser Bote Satans von mir ablasse. Er aber antwortete mir: *Meine Gnade* genügt dir; denn sie erweist ihre Kraft in der Schwachheit. Viel lieber also will ich mich meiner Schwachheit rühmen, damit die Kraft *Christi* auf mich herabkommt."

4. In 1. Johannes 5,13-15 lesen wir: „Dies schreibe ich euch, damit ihr wißt, daß ihr das ewige Leben habt; denn ihr glaubt an den Namen des *Sohnes Gottes.* Wir haben ihm gegenüber die Zuversicht, daß *er uns hört,* wenn wir etwas erbitten, das seinem Willen entspricht. Wenn wir wissen, daß er uns bei allem hört, was wir erbitten, dann wissen wir auch, daß *er* unsere Bitten schon erfüllt hat." Das Pronomen *er* (Vers 14) bezieht sich auf Sohn Gottes (Vers 13).

5. In Apostelgeschichte 8,24 sagt Simon: „Betet ihr für mich zum *Herrn*..." (in Vers 16 ist Jesus der „Herr").

Petrus und Paulus stellen beide die Behauptung auf, daß Jesus der „Herr aller" sei (Apg. 10,36; Röm. 10,12). Paulus sagt auch: „... denn hätten sie die Weisheit Gottes erkannt, so hätten sie den Herrn der Herrlichkeit nicht gekreuzigt" (1. Kor. 2,8). Wer ist der Herr der Herrlichkeit? Psalm 24,10 besagt: „Der Herr (JHWH) der Heerscharen, er ist König der Herrlichkeit" (vgl. auch Ps. 96,7.8).

In 2. Korinther 4,4-5 nennt Paulus Jesus Herr, als er schreibt: „...denn der Gott dieser Weltzeit (Satan) hat das Denken der Ungläubigen verblendet. So strahlt ihnen der

Glanz der Heilsbotschaft nicht auf, der Botschaft von der Herrlichkeit Christi, der Gottes Ebenbild ist. Wir verkündigen nämlich nicht uns selbst, sondern Jesus Christus als den Herrn." Also ist Christus, das Ebenbild Gottes, der *Herr*.

Indem er Jesus Herr nannte, benutzte Paulus dieselbe Sprache und dieselben Bilder, die Jesaja im Alten Testament für Jahwe (Jehova) gebraucht hatte:

Gott	*Jesus*
„… ich bin *Gott* und keiner sonst. … Mir *wird sich beugen jedes Knie, mir Treue schwören jede Zunge* und sprechen: Nur in dem Herrn ist Heil und Stärke" (Jes. 45,22-24).	„… damit alle … *ihre Knie beugen* vor dem Namen *Jesu* und jeder Mund bekennt: ‚*Jesus ist der Herr'"* (Phil. 2,10.11).

Paulus, ein Gelehrter des Alten Testaments und Pharisäer, würde diese Parallele nicht durch Zufall benutzen.

Jesus sprach von sich selbst als dem „Herrn des Sabbats", ein Hinweis darauf, daß er der Schöpfer des Sabbats war. In 2. Mose 31,13.17 sagt Gott: „Haltet nur ja meine Ruhetage! Denn das ist das Zeichen zwischen mir und euch. … Er ist für alle Zeiten ein Zeichen zwischen mir und den Israeliten." Für den Juden war Jahwe sowohl Urheber, als auch Herr des Sabbats. Als einige Pharisäer Jesus Vorwürfe machten, weil er seinen Jüngern erlaubte, am Sabbat Ähren abzureißen und so das Gesetz zu brechen, indem sie „arbeiteten", sagte er, das alles sei recht, weil er der „Herr über den Sabbat" sei (Matth. 12,8). Wie C. S. Lewis sagt:

Und noch eine sonderbare Bemerkung: In fast jeder Religion gibt es solch unangenehme Vorschriften wie das Fasten. Dieser Mann sagt plötzlich eines Tages: „Niemand muß fasten, während ich hier bin." Wer ist dieser Mann, der behauptet, daß seine bloße Anwesenheit alle normalen Regeln aufhebt? Wer ist der Mensch, der der Schule plötzlich einen halben Tag frei gibt?[28]

Für die Juden, die ihn hörten, waren seine Worte Gotteslästerung. Dann, noch am selben Sabbat, ging er in ihre Synagoge und bestand wieder darauf zu arbeiten, indem er einen Mann heilte, was sie noch mehr in Wut versetzte. Auch das war nach ihrem Verständnis ein Bruch des Sabbat. Erzürnt darüber, daß er eine Autorität beanspruchte, die nur Gott haben konnte, beschlossen sie, ihn zu töten (Matth. 12,14).

Um es zu wiederholen, nach 5. Mose 6,4 und Markus 12,29 kann es nur einen Gott geben.

Retter

Der Gott des Alten Testaments erklärte eindeutig, daß er allein der *Retter* sei. „Ich, ich bin der Herr (Jahwe), und außer mir ist kein Helfer" (Jes. 43,11). Doch die Schrift stellt eindeutig fest, daß Jesus auch *Retter* ist.

Gott	Jesus
Jesaja 43,3: „... ich, der Herr (Jahwe), bin dein Gott ... dein Retter."	Matthäus 1,21: „... ihm sollst du den Namen Jesus geben; denn er wird sein Volk von seinen Sünden erlösen." Johannes 1,29: „Am Tag darauf sah er Jesus ... und sagte: Seht das Lamm Gottes, das die Sünde der Welt hinwegnimmt."
1. Timotheus 4,10: „... wir haben unsere Hoffnung auf den lebendigen Gott gesetzt, den Retter aller Menschen..."	Johannes 4,42: „... Er ist wirklich der Retter der Welt." Hebräer 5,9: „... ist er für alle, die ihm gehorchen, der Urheber des ewigen Heils geworden..."

Lukas 1,47: „... und mein Geist jubelt über Gott, meinen Retter."

Lukas 2,11: „Heute ist euch in der Stadt Davids der Retter geboren; er ist der Messias, der Herr."

Paulus empfahl Titus, auf die selige Erfüllung der Hoffnung zu warten, auf das „Erscheinen der Herrlichkeit unseres großen Gottes und Retters Christus Jesus" (Tit. 2,13). Der Kontext, in dem dieser Vers steht, ist wichtig. Innerhalb von 12 Versen gebraucht Paulus die Ausdrücke „Gott unser Retter" und „Jesus unser Retter" austauschbar viermal (Tit. 2,10.13; 3,4.6).

König

König ist ein Titel, der die Majestät Gottes ausdrückt. Der Psalmist schreibt: „Denn ein großer Gott ist der Herr, ein großer König über alle Götter" (Ps. 95,3). Gott sagte: „... ich, der Herr, euer Heiliger, der Schöpfer Israels, euer König" (Jes. 43,15). Mehr als dreißigmal wird in den Psalmen, bei Jesaja, Jeremia, Daniel, Sacharja und Maleachi von Gott als dem „König", „König Israels" und dem „Großen König" gesprochen.

Wenn das Wort *König* auch oft einen menschlichen Titel darstellt, so spricht doch das Neue Testament von Christus als König nicht nur in dem Sinne, in dem das Alte Testament Gott beschrieb, sondern Jesus wird als „König der Könige" bezeichnet. „... das Lamm (Jesus) wird sie besiegen. Denn es ist der Herr der Herren und der König der Könige" (Off. 17,14). Bei dem zweiten Kommen Christi werden auf seinem Gewand die Worte *König der Könige* und *Herr der Herren* geschrieben stehen (Off. 19,16). Im Alten Testament wird von Gott als dem „Gott der Götter und Herrn der Herren" (5. Mose 10,17) gesprochen.

1. Timotheus 6,14-16 ist von besonderer Bedeutung. Dort heißt es: „... bis zum Erscheinen Jesu Christi, unseres Herrn, das zur vorherbestimmten Zeit herbeiführen wird der selige und *einzige Herrscher, der* König der Könige und *Herr der Herren, der allein* die Unsterblichkeit besitzt, der in unzugänglichem Licht wohnt, den kein Mensch gesehen hat noch je zu sehen vermag..." Die Worte „König der Könige und Herr der Herren" können sich entweder auf Christus oder auf Gott beziehen. Wenn hier von Christus in seiner Verklärung die Rede ist, dann wäre er „einziger Herrscher", „König der Könige", „Herr der Herren", der Eine, der „Unsterblichkeit" besitzt und der Eine, der „in unzugänglichem Licht wohnt" — alles Titel der Gottheit. Wenn aber andererseits dieser Abschnitt von Gott spricht, dann tragen Christus und Gott gemeinsam die identischen Titel „König der Könige und Herr der Herren", wie die oben angeführten Passagen zeigen (Off. 17,14). Er spricht aber auf jeden Fall für die Göttlichkeit Christi.

Richter

Das Alte Testament ließ keinen Zweifel daran, daß Gott *Richter* über die Seele jedes Menschen ist. „Er ruft dem Himmel droben zu und der Erde, um sein Volk zu richten ... denn Gott selbst will Richter sein" (Ps. 50,4.6). Es gibt viele Hinweise auf Jahwe (Jehova) als Richter (z.B. 1. Mose 18,25; Ps. 96,13; Hebr. 12,23.24; 1. Petr. 1,17). Doch im Neuen Testament hat Gott der Vater „das Gericht ganz dem Sohn" übertragen (Joh. 5,22). Der *Grund* für die Übergabe des ganzen Gerichts an den Sohn wird im nächsten Vers angegeben: „... damit alle den Sohn ehren, *wie* sie den Vater ehren." Wird der Vater als Gott geehrt? Natürlich. Dann muß der Sohn genauso geehrt werden.

Dieser ganze Abschnitt (Joh. 5,17-30) ist eine der stärksten zusammenhängenden Erklärungen zur Göttlichkeit Christi in der gesamten Bibel. Jesus ist der eine „Richter der Lebenden und der Toten" (2. Tim. 4,1). Es ist der „Richterstuhl Christi", vor dem alle Gläubigen erscheinen werden (2. Kor. 5,10). Römer 14,10 gebraucht den „Richterstuhl Gottes" in identischer Weise. Sowohl Christus, als auch Jahwe prüfen die Herzen der Gläubigen (Off. 2,23; Jer. 17,10). Also gelten Jesus und Jahwe als ein Richter.

Licht

Licht wird oft als metaphorischer Hinweis auf Gott und seine Gegenwart oder Offenbarung verwendet. Gott ist das „Licht", das „Ewige Licht", „das Licht der Völker", „der Eine, der unsere Pfade erhellt" und „die Nacht erleuchtet" (Ps. 27,1; Jes. 42,6; 60,19.20; 2. Sam. 22,29).

Jesus erklärte nachdrücklich, daß er das Licht sei und nicht einer, der nur den Weg zum Licht weise. Er sagte: „Ich bin *(ego eimi)* das Licht der Welt. Wer mir nachfolgt, wird nicht in der Finsternis umhergehen, sondern wird das Licht des Lebens haben" (Joh. 8,12). Jesus sagte auch über sich: „Denn mit dem Gericht verhält es sich so: *Das* Licht kam in die Welt, und die Menschen liebten die Finsternis mehr als das Licht" (Joh. 3,19). Er sagte: „Solange ich in der Welt bin, bin ich das Licht der Welt" (Joh. 9,5). Der Apostel Johannes spricht von Jesus als dem „Licht der Menschen", dem „wahren Licht", und dem, der „jeden Menschen erleuchtet" (Joh. 1,4.9). Genau wie Gott, so ist auch Jesus das ewige Licht (Jes. 60,19.20; Off. 21,23; 22,5).

Fels

Fels kann viele Dinge bedeuten, doch als Name für Gott symbolisiert er den Trost, die Zuverlässigkeit und die Stärke Gottes. Unmittelbar vor seinem Tod hinterließ Moses den Kindern Israel ein Lied, das sie daran erinnern sollte, wer Gott war und was er für sie getan hatte. Zwei Namen für Gott, die er gebrauchte, waren Jahwe und Fels. „Denn den Ruhm des Herrn (Jahwe) will ich verkünden: Gebet Ehre unserm Gott! Er ist der Fels!" (5. Mose 32,3.4; vgl. auch 5. Mose 32,15.18.30.31). Der Psalmist nennt Gott den Fels meines (oder unseres) Heils (Ps. 89,27; 95,1). David verehrte Gott als „Fels" und „Fels Israels" (2. Sam. 22,2; 3,47; 23,3). In 2. Samuel 22,32 wird eine rhetorische Frage gestellt: „Denn wer ist Gott als nur der Herr, und wer ein Fels außer unserm Gott?"

Im Neuen Testament erhält Jesus den Titel „Fels". Paulus erinnert an die Kinder Israel mit Moses in der Wüste, wenn er schreibt: „Alle aßen auch die gleiche gottgeschenkte Speise, und alle tranken den gleichen gottgeschenkten Trank; denn sie tranken aus dem lebensspendenden Felsen, der mit ihnen zog. Und dieser Fels war Christus" (1. Kor. 10,3.4; vgl. 2. Mose 17,6; Neh. 9,15). Paulus spielt hier symbolisch darauf an, daß die Kinder Israel von Gott ernährt wurden — Manna von Jahwe (Vers 3), Trank von Christus (Vers 4). So war nach Paulus Denken Jesus Jahwe.

Paulus spricht von Jesus auch als einem „Stein des Anstoßes" (Röm. 9,33). Petrus bezeichnet ihn als „lebendigen Stein", einen „Stein des Anstoßes", „einen auserwählten Stein, einen Eckstein" und den „Stein, den die Bauleute verworfen haben" (1. Petr. 2,4-8).

Erlöser

Das Wort *Erlöser* bedeutet jemand, der einlöst oder los-
kauft. Als die Menschheit geistig zugrunde gegangen war,
unfähig, sich selbst zu retten, da hat Gott der Vater nach
seinem Willen und Vorauswissen (Apg. 2,23) seinen Sohn
für die Erlösung aller geopfert und so für jeden die Tür zur
Versöhnung mit Gott geöffnet. Die Schrift sagt, daß Gott
ein Gott „reichlicher Erlösung" ist (Ps. 130,7.8), der „Erlöser" (Jes. 48,17; 54,5; 63,9) und der Eine, der unser Leben
„vom Verderben erlöst" (Ps. 103,4). Die endgültige Erlösung kann nur von Gott kommen.

Jesus Christus ist unser Erlöser von der Sünde. „Durch
sein Blut haben wir die Erlösung, die Vergebung der
Sünden" (Eph. 1,7). Jesus ist der Eine, der unsere „ewige
Erlösung" bewirkt hat (Hebr. 9,12). Paulus sagte den Ältesten in Ephesus: „... damit ihr als Hirten für die Kirche Gottes sorgt, die er sich *durch das Blut seines eigenen Sohnes*
erworben (erlöst) hat" (Apg. 20,28). Damit konnte nur der
Tod Christi am Kreuz gemeint sein. Jesus Christus ist Gott
der Sohn, unser Erlöser.

Der Herr unser Heil

Wegen des Bedürfnisses der Menschheit nach Heil und
unserer Unfähigkeit, Gottes Heilsmaßstab gerecht zu werden (Röm. 3,23), prophezeite das Alte Testament, daß
Jahwe eines Tages einen „gerechten Sproß" aus der Wurzel Davids sprießen lassen würde, der den Namen „Der
Herr (Jahwe) unser Heil" trage (Jer. 23,6; 33,15.16). Gemäß der Lehre des Alten Testaments ist dieser Sproß der
Messias oder Christus (vgl. Luk. 1,32). Einer der Namen

Jesu lautet daher „Jahwe unser Heil". Jesaja 45,24 sagt uns: „Nur in dem Herrn (Jahwe) ist Heil und Stärke."

Gemahl

Einer der wunderbarsten Aspekte des Titels *Gemahl,* wenn er für Gott gebraucht wird, ist die Erinnerung daran, daß die Liebe Gottes die Leere und Einsamkeit in den Herzen der Menschen füllen will, genau wie ein liebender Gemahl seiner Gemahlin begegnet (und umgekehrt). Jesaja erinnerte Israel an diese Wahrheit, als er ihnen sagte: „Denn der dich geschaffen hat, ist dein Gemahl" (Jes. 54,5). Im Buch Hosea wird die Liebe Gottes zu Israel mit der Liebe eines treuen Mannes zu seiner untreuen Frau verglichen. Gott gab das Versprechen, daß trotz des kommenden Gerichts Israel ihn einst wieder *Gemahl* nennen würde (Hos. 2,16).

Wie Gott der „Gemahl" Israels ist, so sieht das Neue Testament Jesus als den „Gemahl" der Kirche. Jesus sagte, seine Jünger brauchten nicht zu fasten, da er der „Bräutigam" sei (Mark. 2,18.19). In Matthäus 25,1 sollen die Jungfrauen (die Kirche) auf den „Bräutigam", Jesus, warten. In 2. Korinther 11,2 sagt Paulus, die Kirche sei „*einem* einzigen Mann" verlobt, „Christus". In Offenbarung 21,2.9 wird von Jesus als dem „Mann" der „Braut", des neuen Jerusalem, im Himmel gesprochen. Wie Gott ist Jesus Christus der göttliche Gemahl.

Hirte

Ein schöner Ausdruck für Gott und seine Fürsorge für die Menschen ist *Hirte.* „Der Herr ist mein Hirte, mir wird nichts mangeln...", sang David (Ps. 23,1). Psalm 80,2 lautet: „Du Hirte Israels, schenke Gehör, der du Josef leitest wie Schafe!" 1. Mose 49,24 spricht von Gott als dem „Hirten Israels". Hesekiel schrieb ein ganzes Kapitel über Gott, dem „Hirten" des verlorenen Hauses Israel, der Schafe seiner Weide (Hes. 34).

Obwohl der Gebrauch des Ausdrucks *Hirte* nicht die Göttlichkeit Christi beweist, gingen Petrus und der Verfasser des Hebräerbriefes so weit, Jesus den „obersten" Hirten, den „erhabenen Hirten seiner Schafe" und den „Hirten und Bischof" unserer Seelen zu nennen (1. Petr. 5,4; Hebr. 13,20; 1. Petr. 2,25). Auch Jesus selbst bezeichnete sich als „Hirte" und erklärte, er sei der „gute Hirte" (Joh. 10,11) und der *eine* Hirte (Joh. 10,16).

Schöpfer

Der erste Vers der Bibel lautet: „Im Anfang schuf Gott den Himmel und die Erde" (1. Mose 1,1). Gott wird klar als *Schöpfer* identifiziert. Irgend etwas anderes zu sagen, wäre für die Juden Gotteslästerung gewesen. Immer und immer wieder wird gesagt, daß Gott die Welt erschaffen habe (Hiob 33,4; Ps. 95,5.6; 102,25.26; Pred. 12,1; Jes. 40,28).

Das Neue Testament bestätigt die Göttlichkeit Christi, indem es von ihm als *Schöpfer* spricht:

Im Anfang war *es* (das Wort — Jesus) bei Gott. Alles ist durch das *Wort* geworden, und ohne das *Wort* wurde nichts, was geworden ist. ... *Er* war in der Welt, und die Welt ist *durch ihn* geworden, aber die Welt erkannte *ihn* nicht (Joh. 1,2.3.10).

Die Reihe der zusammengehörenden Pronomen macht deutlich, daß von Jesus die Rede ist.

Paulus drückte denselben Gedanken so aus:

Denn in *ihm (Jesus) wurde alles erschaffen* im Himmel und auf Erden, das Sichtbare und das Unsichtbare, Throne und Herrschaften, Mächte und Gewalten; alles ist *durch ihn* und *auf ihn hin* geschaffen. *Er* ist vor aller Schöpfung, in *ihm* hat alles Bestand. *Er* ist das Haupt des Leibes, der Leib aber ist die Kirche. *Er* ist der Ursprung, der Erst-geborene der Toten..." (Kol. 1,16-18).

Der Text zeigt, daß Paulus über Jesus schreibt. Die Prono-men beziehen sich alle auf eine Person. Sie sprechen von einer Person, durch die „alles erschaffen wurde", die „das Haupt der Kirche" ist, „der Ursprung" und „der Erstge-borene der Toten". Nach Epheser 5,23, Johannes 1,1 und 1. Korinther 15,20 war Jesus all dies.

Der Verfasser des Hebräerbriefes unterstrich denselben Punkt. „...Gott ... in dieser Endzeit aber hat ... zu uns ge-sprochen durch den Sohn, den er zum *Erben* des Alls ein-gesetzt und *durch den er auch die Welt erschaffen hat*" (Hebr. 1,1.2). Im selben Kapitel, es ist immer noch vom Sohn (Vers 8) die Rede, erklärt der Schreiber weiter: „Du Herr (Jesus), hast vorzeiten der Erde Grund gelegt, die Himmel sind *das Werk deiner Hände*" (Hebr. 1,10).

Lewis Sperry Chafer stellt fest:

Der Schöpfungsakt an sich ist ein unvergleichlicher Vorgang. Bei der Erschaffung aller materiellen Dinge rief Gott diese aus dem Nichts ins Dasein. Eine solche Erklärung ist weit entfernt von der Vorstellung, daß das Nichts etwas hervorgebracht habe. Es ist selbstverständlich, daß im Nichts nichts aus sich selbst heraus entstehen konnte. Die bibli-sche Botschaft besagt vielmehr, daß alles aus dem unendlichen Geist Gottes entstanden ist. Er ist die Quelle von allem, das ist. Der selbstbe-stimmende Wille Gottes hat das materielle Universum verursacht, wie in Römer 11,36 besagt wird: „Denn aus ihm und durch ihn und auf ihn hin ist die ganze Schöpfung. Ihm sei Ehre in Ewigkeit!" In dieser Schriftstelle wird die Schöpfung aller Dinge Gott zugeschrieben; aber in Kolosser 1,16-17 wird mit ungefähr denselben Worten erklärt, daß alle Dinge von Christus erschaffen wurden und auf ihn hin, daß er vor allen Dingen ist und alles von ihm geschaffen wurde.[9]

Spender des Lebens

Der krönende Augenblick der Schöpfung war, als Gott „den Menschen bildete ... und ihm den Lebensodem in die Nase hauchte" (1. Mose 2,7). In 5. Mose 32,39 sagte Gott, daß „kein Gott neben mir ist", und dann, daß er der Eine ist, der „lebendig macht" (vgl. Ps. 36,10).

Jesus sagte: „Denn wie der Vater die Toten auferweckt und lebendig macht, so macht auch der Sohn lebendig" (Joh. 5,21). Kurz bevor er Lazarus von den Toten auferweckte, sagte Jesus: „Ich bin die Auferstehung und das Leben" (Joh. 11,25). Er ging so weit zu sagen, er sei der Spender des ewigen Lebens. „Ich gebe ihnen ewiges Leben. Sie werden niemals zugrunde gehen, und niemand wird sie meiner Hand entreißen. ... Ich und der Vater sind eins" (Joh. 10,28-30). Jesus sagte über die Schriften (gemeint ist das Alte Testament): „Gerade sie legen Zeugnis über mich ab. Und doch wollt ihr nicht zu mir kommen, um das *Leben* zu haben" (Joh. 5,39.40).

Vergeber der Sünden

Gott ist der Eine, der „Schuld und Missetat und Sünde" vergibt (2. Mose 34,7; vgl. Neh. 9,17; Ps. 86,5; 130,4; Jes. 55,7; Jer. 31,34; Dan. 9,9; Jona 4,2). Jesus, Gott der

Sohn, kann Sünden vergeben. Kolosser 2,13 und 3,13 spricht von Jesus als dem, der Schuld verzeiht. Jesus sagte zu Paulus, um „die Vergebung der Sünden (zu) empfangen", müsse man „den Glauben an mich" haben (Apg. 26,18).

Einige Leute erbaten von ihm die Heilung ihres Freundes, eines Gelähmten (Mark. 2,1-12). Da Jesus in einem Haus lehrte, ließen sie den Mann durch eine Öffnung im Dach herab, so daß er zu Füßen Jesu lag. Berührt durch ihren Glauben an ihn, sagte Jesus zu dem Gelähmten: „Mein Sohn, deine Sünden sind dir vergeben!" „Welche Unverschämtheit! Welche Anmaßung!" dachten einige in der Menge. Wie konnte Jesus die Sünden des gelähmten Mannes kennen oder gar Vergebung gewähren, als wären die Sünden gegen ihn selbst, wie gegen Gott, begangen worden, als hätte er die Macht dazu? Die Antwort Jesu war deutlich. Er war nicht anmaßend. Er sprach die Wahrheit. Hier war der Beweis: „Ihr sollt aber erkennen, daß der Menschensohn die Vollmacht hat, hier auf der Erde Sünden zu vergeben. ... Steh auf, nimm deine Tragbahre, und geh nach Hause!" Der Mann tat es, und alle gerieten außer sich und priesen Gott.

Zu diesem Abschnitt, besonders Markus 2,7, erklärt der Kenner der griechischen Grammatik, A. T. Robertson:

Es war, wie sie glaubten, Gotteslästerung, wenn Jesus sich dieses göttliche Vorrecht anmaßte. Ihre Logik war korrekt. Der einzige Fehler daran war die Möglichkeit, daß Jesus in einer besonderen Beziehung zu Gott stand, die den Anspruch rechtfertigte. Die beiden Kräfte liegen hier also über die Göttlichkeit Jesu Christi in Widerstreit. Wohl wissend, daß er das Vorrecht Gottes ausgeübt hatte, als der die Sünden des Mannes vergab, fährt er fort, seinen Anspruch zu rechtfertigen, indem er den Mann heilt.[10]

Robert Alan Cole stellt in seinem Kommentar zu Markus fest, daß man diesen Abschnitt von verschiedenen Seiten betrachten kann, daß aber alles auf eine einzige Bedeutung hinausläuft. Er paraphrasiert die Passage (Verse 10,11) und erklärt:

> Dies sind zwei Wege, den Abschnitt zu verstehen; beide Linien der Exegese sind fruchtbar und laufen, wenn man sie weit genug verfolgt, zu einer einzigen zusammen. Die erste Interpretation läßt sich so wiedergeben: ‚Du sagst, daß nur Gott Sünden vergeben kann? Aber ich werde dir zeigen, daß hier ein *Mann* ist, der dieselbe Macht hat‘, und führt so den denkenden Schreiber zur Gleichsetzung des Mannes Jesus Christus mit Gott.[11]

In seinem Vortrag über die Vergebung betont Josh McDowell:

> Dieser Begriff der Vergebung hat mich eine ganze Zeit lang beunruhigt, weil ich ihn nicht verstand. Eines Tages beantwortete ich in einer Philosophieklasse eine Frage zur Göttlichkeit Christi und zitierte dabei die oben genannten Verse aus Markus 2. Ein Assistent widersprach meinem Schluß, daß die Vergebung Christi seine Göttlichkeit beweise. Er sagte, er könne jemand etwas vergeben, aber das beweise noch nicht seinen Anspruch, Gott zu sein. Als ich über das nachdachte, was der Assistent gesagt hatte, wurde mir plötzlich klar, warum die religiösen Führer gegen Christus auftraten. Ja, man kann sagen: „Ich vergebe dir", aber das kann nur derjenige tun, gegen den gesündigt wurde. Mit anderen Worten, wenn du dich gegen mich vergehst, kann ich sagen: „Ich vergebe dir." Aber das war es nicht, was Christus tat. Der Gelähmte hatte gegen Gott den Vater gesündigt, und dann sagte Jesus, aus eigener Autorität: „Deine Sünden sind dir vergeben." Sicher können wir Unrecht verzeihen, das gegen uns begangen wurde, doch auf keinen Fall kann irgend jemand Sünden vergeben, die gegen Gott begangen wurden, außer Gott selbst. Das ist es, was Jesus sagte.

Die Macht Jesu, Sünden zu vergeben, ist ein aufsehenerregendes Beispiel dafür, daß er ein Vorrecht ausübt, das nur Gott allein gebührt.

Der Herr unser Heiler

In 2. Mose 15,26 sagt Jahwe: „… Ich, der Herr, bin dein Arzt." Obwohl Gott zu allen Zeiten Männern und Frauen die Gabe des Heilens verliehen hat, so hat doch niemals jemand behauptet, durch eigene Autorität zu heilen, wie es Jesus tat. Die ersten Jünger glaubten an diese Autorität, und sie heilten und trieben Dämonen aus im Namen Jesu (Matth. 10,1; Mark. 9,38; Luk. 10,17). Die Feinde Jesu waren empört (Joh. 9,24). Wer könnte bei klarem Verstand sagen, daß er in seinem eigenen Namen heile und Dämonen austreibe? Das hieße, sich einer Ehre zu bemächtigen, die nur Gott allein gehört.

Als Teil seiner Heilkraft behauptete Jesus auch, Autorität über dämonische Mächte zu besitzen (Matth. 12,22-29), eine Tatsache, die die besiegten Dämonen bestätigten, indem sie ihn als „der Heilige Gottes" und „Sohn Gottes" (Mark. 1,24; 5,7; Luk. 4,34) anerkannten. Auch die frühe Kirche stimmte dem zu und lehrte, daß alle Engel, Gewalten und Mächte ihm unterworfen seien (1. Petr. 3,22). In Apostelgeschichte 9,34, als Petrus einen gelähmten Mann traf, rief er den Mann bei seinem Namen und sagte: „Äneas, Jesus Christus heilt dich." Und er tat es. Hier handelte Jesus im Himmel als Heiler, als Gott.

So spricht die Schrift mit lauter Stimme. Jesus nahm Namen und Titel für sich in Anspruch, und wurde von anderen damit genannt, die nur Gott rechtmäßig tragen konnte: Jahwe, Gott, Alpha und Omega, Herr, Retter,

König, Richter, Erlöser, der Herr unser Heil. Andere Titel, die er mit Gott gemeinsam hatte, waren Licht, Fels, Gemahl, Hirte, Schöpfer, Spender des Lebens, Vergeber der Sünden und Heiler.

Wenn Jesus Gott wäre, dann müßte er nicht nur Namen und Titel beanspruchen, die nur Gott tragen kann, sondern er müßte auch Eigenschaften haben, die nur Gott besitzen kann. Tat er das? Lehrt die Schrift, daß er es tat?

Kapitel 3

Jesus Christus besitzt die Eigenschaften Gottes

Gott ist einzig. Er allein ist nicht erschaffen. Er ist der Schöpfer und Erhalter des ganzen Universums — die Quelle der Schöpfung, nicht Teil der Schöpfung. Wir können das Werk Gottes oder sein Wirken an geschaffenen Dingen sehen, aber sein Werk ist nicht ein Teil Gottes oder dasselbe wie Gott. Zum Beispiel sind die Menschen persönlich — wir können denken, entscheiden, glauben, lieben. Wir sind ein *Ebenbild* Gottes, der persönlich ist, aber wir sind nicht Gott.

Wenn Jesus in Wahrheit Gott ist, dann muß er die Eigenschaften Gottes besitzen und sie nicht nur widerspiegeln. In diesem Kapitel werden wir sechs ausschließliche Eigenschaften Gottes untersuchen und sehen, daß Jesus Christus diese Eigenschaften besitzt.

Allgegenwart

Gott ist „in" allem; Gott ist an jedem Punkt des Universums ganz gegenwärtig. Das ist es, was *allgegenwärtig* besagt. Aber zu glauben, daß Gott „in" allem ist, heißt nicht, daß er alles „ist". Wenn wir sagen, daß Gott überall gleichzeitig ist, bedeutet das nicht, daß Gott in allem ist im hinduistischen Sinne, daß alle Schöpfung irgendwie ein Teil von Gott ist. Zum Beispiel machte Gott zwar die Bäume, aber der Baum ist nicht ein Teil von Gott.[1]

Genau wie Gott in einem persönlichen Sinn allgegenwärtig ist (Ps. 139,7; Spr. 15,3) und so fähig zu helfen, zu befreien, zu lieben, zu verteidigen und die tiefsten Sehnsüchte und Bedürfnisse seines Volkes zu erfüllen, so beschreibt das Neue Testament auch Christus als allgegenwärtig. Paulus sagt: *„Derselbe,* der herabstieg, ist auch hinaufgestiegen bis zum höchsten Himmel, um *das All zu beherrschen"* (Eph. 4,10). Jesus sagte zu seinen Jüngern: *„Denn wo zwei oder drei in meinem Namen versammelt sind, da bin ich mitten unter ihnen"* (Matth. 18,20). Er sagte ihnen: *„Seid gewiß: Ich bin bei euch alle Tage bis zum Ende der Welt"* (Matth. 28,20). Von Christus heißt es, daß er in den Herzen all derer wohne, die ihren Glauben in ihn setzen (Röm. 8,9; Gal. 2,20; Eph. 3,17; Kol. 1,27; Off. 3,20). *„...* Erfahrt ihr nicht an euch selbst, daß *Christus Jesus in euch ist?"* (2. Kor. 13,5). Wie könnte ein bloßer Sterblicher, verklärt oder nicht, behaupten, in den Herzen von Gläubigen auf der ganzen Welt zu wohnen?

Allwissenheit

Wenn wir sagen, Gott sei *allwissend,* dann meinen wir, daß Gott alles weiß, was in Ewigkeit gewußt werden kann, Tatsächliches und Mögliches.

Gott besitzt vollkommenes und ewiges Wissen aller Dinge. Alles, was gewußt werden kann, wird von Gott gewußt. Die Allwissenheit kommt zu Gott nicht auf demselben Wege, wie das Wissen zu uns kommt. Wir gewinnen Wissen durch Lernen. Gott geht nicht durch einen Lernprozeß, um zu wissen. Die Allwissenheit Gottes entsteht nicht durch Überlegung, Schlußfolgerung, die Sinne, Vorstellung, Induktion oder Deduktion. Sein Wissen ist unmittelbar, scharf und bestimmt und wahr nach der Realität der Dinge. Alles, was gewußt werden kann, wird gewußt, von Gott.[2]

Das Neue Testament zeigt Christus im Besitz der Allwissenheit: Kenntnis von allem — Vergangenheit, Gegenwart und Zukunft. In Johannes 2,24.25 wird erklärt, daß Jesus „sie alle kannte" und „wußte, was im Menschen ist". Die Jünger bezeugten: „Jetzt wissen wir, daß du alles weißt" (Joh. 16,30). Petrus sagte: „Herr, du weißt alles" (Joh. 21,17). In Übereinstimmung mit seiner Allwissenheit wußte Jesus, wie berichtet wird, auch schon vorher, wer ihn verraten würde (Joh. 6,64).

Zur Allwissenheit Christi stellt Dr. John Walvoord fest:

In ähnlicher Weise wird das Vorherwissen Christi auch in anderen Passagen bestätigt (Joh. 13,1.11; 18,4; 19,28). In Einklang mit seiner Allwissenheit wird erklärt, daß er die Weisheit Gottes besitze (1. Kor. 1,30). Solche Eigenschaften könnten selbst dem weisesten der Propheten nicht zugeschrieben werden, und sie stellen einen weiteren Beweis dafür dar, daß er alle göttlichen Attribute besaß.[3]

Thomas Schultz bemerkt:

Das Wissen Christi geht weit über jedes sterbliche Wissen hinaus. Er ist nicht einfach ein Genie, nicht einfach der weiseste aller Menschen. Seine Weisheit übersteigt bei weitem alle menschlichen Grenzen und könnte nur als vollkommenes Wissen klassifiziert werden. Erstens, er kennt die innersten Gedanken und Erinnerungen der Menschen, eine Fähigkeiten, die eigentümlich ist für Gott (1. Kön. 8,39; Jer. 17,9-16). Er sah das Böse in den Herzen der Schriftgelehrten (Matth. 9,4); er kannte im voraus diejenigen, die ihn zurückweisen (Joh. 10,26) und diejenigen, die ihm folgen würden (Joh. 10,14). Er konnte in den Herzen jedes Mannes und jeder Frau lesen (Mark. 2,8; Joh. 1,48; 2,24.25; 4,16-19; Apg. 1,24; 1. Kor. 4,5; Off. 2,18-23). Ein bloßer Mensch könnte höchstens eine scharfsinnige Vermutung darüber anstellen, was in den Herzen und Köpfen anderer vorgeht. Zweitens, Christus hat ein Wissen von Tatsachen, die über jedes mögliche Verständnis eines Menschen weit hinausgehen. Er wußte genau, wo die Fische sich im Wasser befanden (Luk. 5,4-6; Joh. 21,6-11), und er wußte genau, welcher Fisch die Münze enthielt (Matth. 17,27). Er kannte zukünftige Ereignisse (Joh. 11,11; 18,4), Einzelheiten, die man vorfinden würde (Matth. 21,2-4), und er wußte, daß Lazarus gestorben war (Joh. 11,14). Drittens, er besaß eine verborgene Kenntnis der Gottheit, die sowohl die engstmögliche Verbindung mit Gott zeigte, als auch vollkommenes Wissen. Er kennt den Vater, wie der Vater ihn kennt (Matth. 11,27; Joh. 7,29; 8,55; 10,15; 17,25). Die vierte und abschließende Lehre der Schrift in dieser Richtung ist, daß Christus alles weiß (Joh. 16,30; 21,17) und daß in ihm alle Schätze der Weisheit und Erkenntnis verborgen sind (Kol. 2,3).[4]

Allmacht

Die hebräischen Worte *El Shaddai* können übersetzt werden mit „Allmächtiger Gott". Gott ist *allmächtig*. Die Wunder Christi bezeugten seine Macht über die physische Welt. Aber seine Worte und seine Auferstehung verkünden Autorität und Macht über die gesamte Schöpfung.
Dr. John Walvoord schrieb:

Das Zeugnis für die Allmacht Christi ist ebenso entschieden wie der Beweis für andere Eigenschaften. Manchmal nimmt sie die Form physischer Macht an, aber häufiger weist sie auf die Autorität über die Schöpfung. Christus hat die Macht, Sünden zu vergeben (Matth. 9,6), alle Macht im Himmel und auf der Erde (Matth. 28,18), Macht über die Natur (Luk. 8,25), Macht über sein eigenes Leben (Joh. 10,18), Macht, anderen ewiges Leben zu geben (Joh. 17,2), Macht, physisch zu heilen, wie es seine vielen Wunder beweisen, ebenso wie die Macht, Dämonen auszutreiben (Mark. 1,29-34) und die Macht, seinen Leib zu verwandeln (Phil. 3,21). Durch seine Auferstehung „... kann er auch die, die durch ihn vor Gott hintreten, für immer retten" (Hebr. 7,25). Er hat „... die Macht, ... das mir anvertraute Gut bis zu jenem Tag zu bewahren" (2. Tim. 1,12). Er hat „... die Macht, euch vor jedem Fehltritt zu bewahren und euch untadelig und voll Freude vor seine Herrlichkeit treten zu lassen" (Jud. 24; vgl. Eph. 5,27). Der griechische Text von Judas 25 scheint zu besagen, daß dies „durch Jesus Christus, unseren Herrn" getan wird, d.h., von Gott dem Vater; aber auf jeden Fall ist die Macht Christi notwendig. Man wird bemerken, daß Fleischwerdung, Tod und Auferstehung Christi ihm erlaubten, in Hinblick auf Sünde und Erlösung zu wirken. Seine Allmacht ist auf jeden Fall beschränkt auf das Heilige, Weise und Gute.[5]

Präexistenz

Eine weitere gemeinsame Eigenschaft von Jesus und Gott ist die Präexistenz. Viele Passagen in der Schrift bestätigen, daß Jesus schon vor seiner Geburt existierte, nicht als bloße Idee im Vorherwissen Gottes, sondern in Wirklichkeit.

Jesus sagte: „*Vom* Vater bin ich ausgegangen und *in die Welt gekommen;* ich verlasse die Welt *wieder* und gehe zum Vater" (Joh. 16,28). Viele Male sagte Jesus, daß er in die Welt „gesandt worden" sei, was bedeutet, daß sein Ursprung außerhalb der Welt liegt (Joh. 3,32-34; 4,34; 5,23. 24.36-38; 6,29.33.38; 7,16.18.28.29.33; 8,18.29.38.42; 13,20; 16,30; 17,8 usw.). Er sagte zu Nikodemus: „…niemand ist in den Himmel hinaufgestiegen außer dem, der vom Himmel *herabgestiegen* ist: der Menschensohn" (Joh. 3,13). Er sagte: „Ich bin *(ego eimi)* das lebendige Brot, das *vom Himmel herabgekommen ist…*" (Joh. 6,51; vgl. auch Vers 58). Jesus sagte: „Was werdet ihr sagen, wenn ihr den Menschensohn hinaufsteigen seht, dorthin, wo er *vorher* war?" (Joh. 6,62). Johannes der Täufer sagte über Christus: „Er, der *von oben kommt* (Jesus) steht über allen… Was er *gesehen* und *gehört* hat, bezeugt er…" (Joh. 3,31.32).

Bei einer anderen Gelegenheit betete Jesus: „… verherrliche du mich jetzt bei dir mit der Herrlichkeit, die *ich bei dir hatte, bevor die Welt war*" (Joh. 17,5). Der Verfasser des

Hebräerbriefes setzte die Präexistenz Christi voraus, als er schrieb, Moses habe „die Schmach des Messias für einen größeren Reichtum als die Schätze Ägyptens" gehalten (Hebr. 11,26). Von Jesus wird gesagt, er habe das „Lebensbuch" seit der „Erschaffung der Welt" besessen (Off. 13,8).

Johannes der Täufer, der als Mensch sechs Monate älter war als Jesus, sagte: „Er, der nach mir kommt, ist mir voraus, weil *er vor mir war*" (Joh. 1,15.30). Vers 30 zeigt deutlich, daß Johannes von Jesus sprach, nicht von „Gott". Johannes der Täufer kann sich auch nicht darauf bezogen haben, daß Jesus im Vorherwissen Gottes existierte, da Gott, der Allwissende, auch Johannes vorherwußte.

So spricht die Schrift mit vereinter Stimme. Jesus ist ein präexistentes Wesen. Dies stimmt überein mit den Theophanien des Alten Testaments (d.h. dem Erscheinen Gottes in körperlicher Form). Zum Beispiel 1. Mose 18,1-19,1; 16,7-13; 22,15.16; 31,11-13; 32,30; 48,15.16; 2. Mose 4,2-4 (vgl. 3,2); 1. Chronik 21,15-19; Psalm 34,6.7; Sacharja 12,10 (vgl. Joh. 19,37) und 14,3.4 (vgl. Apg. 1,9-12) sind einigeder Hauptstellen, die zeigen, daß Gott körperlich erschien.[6]

Ewigkeit

Der Gott der Bibel ist *ewig*. Er ist sowohl außerhalb der Zeit, als auch die Quelle der Zeit. Es hat niemals eine Zeit gegeben, da er nicht war; es wird niemals eine Zeit geben, da er nicht ist (2. Mose 3,14; Hab. 3,6; 5. Mose 33,26.27). Gott allein ist ewig.

Auch Jesus Christus ist ewig. Er hatte keinen „Anfang", wie die Zeugen Jehovas und die Mitglieder von „The Way

International" behaupten (und in gewissem Sinne auch die Mormonen).

Bei der Prophezeiung der Geburt Jesu, des Messias, sagte der Prophet Micha: „... sein Ursprung ist in der Vorzeit, in unvordenklichen Tagen" (Micha 5,2). Jesaja sagte, ebenfalls in Zusammenhang mit der Geburt Christi, das Kind werde unter anderen den Namen „*Ewig*vater" tragen (Jes. 9,6). Jesus sagte: „Noch ehe Abraham wurde, *bin ich*" (Joh. 8,58). Der griechische Text verwendet eindeutig den Präsens, „bin ich", nicht „war ich". F. F. Bruce verdeutlicht: „Wäre er bloß ein präexistentes Wesen, hätte er sagen müssen: ‚Ehe Abraham wurde, war ich.'"[7] Jesus ging einen großen Schritt weiter, als er von sich als dem ewigen, allgegenwärtigen „*Ich bin*" sprach.

G. Campbell Morgan erklärte: „‚Ich bin' erhebt Anspruch auf ewige Existenz, vor der gesamten hebräischen Welt, in ewigem Sein."[8]

Wichtig ist auch der Kommentar William Barclays:

Jesus ist *zeitlos*. Er ist zu keiner Zeit geworden; es wird keine Zeit geben, da er nicht ist. Wir können nicht von Jesus sagen, *er war*. Wir müssen immer sagen „*Er ist*". In Jesus sehen wir den zeitlosen Gott, der Gott Abrahams, Isaaks und Jakobs war, der vor der Zeit war und nach der Zeit sein wird, der immer *ist*.[9]

Unveränderlichkeit

Websters Dictionary definiert Unveränderlichkeit als „zu Veränderungen unfähig oder ihnen nicht unterworfen sein". Gott ist in seiner Person *unveränderlich*. Obwohl er in der Zeit handelt und Beziehungen in der Zeit aufbaut und verändert, bleibt sein Wesen, zu dem auch seine Eigenschaften gehören, unverändert (Mal. 3,6; Jak. 1,17; Ps. 33,11; Jes.

46,9.10). Wir können darauf vertrauen, daß er uns ewig liebt und seine Versprechen hält. Jesus hat augenscheinlich die Veränderungen der menschlichen Entwicklung durchgemacht. Doch hinsichtlich seiner göttlichen Natur erklärt die Schrift klar: „Jesus Christus ist derselbe gestern, heute und in Ewigkeit" (Hebr. 13,8). Jesus und der Vater sind im Wesen unveränderlich Einer.

Wir sehen also, wie viele Verse der Schrift offenbaren, daß Jesus Christus alle Eigenschaften des ewigen Gottes besitzt.

Kapitel 4

Jesus Christus besitzt die Autorität Gottes

Die Autorität Gottes in Jesus wird sichtbar, wenn Christus das Recht ausübt, Anbetung zu empfangen. Er beanspruchte auch die Autorität, aufzuerstehen, und er sprach mit ehrfurchtgebietender Autorität als Gott selbst.

Empfing Anbetung

Über wenige Dinge spricht die Schrift mit größerer Klarheit als über die Anbetung. Sowohl das Alte als auch das Neue Testament betonen nachdrücklich, daß Gott allein Anbetung empfangen soll. Jesus sagte zu Satan: „Vor dem Herrn, deinem Gott, sollst du dich niederwerfen und ihm allein dienen" (Matth. 4,10; Luk. 4,8). Kein Mensch oder Engel darf jemals angebetet werden (Matth. 4,10; Off. 19,20; 22,8.9). Gott will seinen „Ruhm" keinem anderen geben (Jes. 42,8).

Das Neue Testament verwendet hauptsächlich ein Wort für Anbetung, das griechische Wort *proskyneo*. Es ist das Wort, das Jesus benutzte, um Satan zu sagen, daß er Gott allein anbeten solle; es wird häufiger als jedes andere Wort benutzt, um die Anbetung Gottes zu beschreiben (Joh. 4,24; Off. 5,14; 7,11; 11,16 usw.).

Nachdem Jesus einen Mann geheilt hatte, rief dieser aus: „Ich glaube, Herr! Und er warf sich vor ihm nieder (Vergangenheitsform von *proskyneo*)" (Joh. 9,38). Dasselbe griechische Wort wird in Matthäus 14,33 verwendet, als die Jünger Jesus anbeteten, nachdem sie gesehen hatten, wie er auf dem Wasser ging. Ein anderes Mal, als die Jünger-Jesus nach der Auferstehung sahen, „... gingen (sie) auf ihn zu, warfen sich vor ihm nieder und umfaßten seine Füße" (Matth. 28,9). Jesus empfing also vor und nach der Auferstehung Anbetung. In all diesen Fällen ist derselbe Jesus, der Satan zurechtgewiesen hatte, weil er ihn versuchen wollte, falsch anzubeten, nicht entsetzt zurückgeprallt, weil „Gott allein angebetet werden soll". Vielmehr empfing er die Anbetung als sein Recht.

In Hebräer 1,6 heißt es, die Engel Gottes sollen sich vor Jesus niederwerfen (proskyneo). In Offenbarung 5,8-14 ist ein ganzer Abschnitt dem Lob und der Anbetung Jesu, des „Lamms" und Gottes gewidmet. In einer kraftvollen Passage erklärt Paulus, daß sich vor dem Namen Jesu jedes Knie im Himmel und auf der Erde beugen wird (das bedeutet Anbetung) und jede Zunge bekennen wird, daß Jesus der Herr ist (Phil. 2,10.11). Der Sohn Gottes wurde im Neuen Testament durch zahlreiche Handlungen verehrt, als er zum Gegenstand von Glaube, Hoffnung und Anbetung wurde.

Das vereinte Zeugnis der neutestamentlichen Kirche, ja der Kirche durch alle Jahrhunderte, besagt, daß dem drei-einigen Gott Anbetung gebührt: Vater, Sohn und Heiligem Geist.

Hatte die Autorität aufzuerstehen

Selbst als Jesus dem Tod als Mensch unterlag, beanspruchte er die Macht und Autorität aufzuerstehen, eine Macht, die nur Gott haben konnte. Manche Leute könnten fragen: „Wenn Jesus Christus Gott ist, wie konnte er dann auferstehen?" In Johannes 2,19 sagte Jesus: „Reißt diesen Tempel nieder (d.h. seinen Körper; Vers 21), in drei Tagen *werde ich ihn wieder aufrichten.*" Über sein Leben sagte er: „Ich habe Macht, es hinzugeben, und ich habe Macht, es wieder zu nehmen" (Joh. 10,18).

Sprach als Gott

Jesus erhob nicht nur Anspruch auf die Namen, Titel und Eigenschaften Gottes, empfing Anbetung und beanspruchte die Autorität aufzuerstehen, sondern er sagte auch Dinge, die nur Gott rechtmäßig sagen konnte. Als die Pharisäer einmal Gerichtsdiener ausgeschickt hatten, um ihn festzunehmen, kehrten die Gerichtsdiener mit leeren Händen zurück. Und als sie gefragt wurden, warum sie ihn nicht festgenommen hatten, war alles, was sie antworten konnten: „Noch nie hat ein Mensch so gesprochen" (Joh. 7,46). Das ist wahr.

Es fällt schwer, die Erzählungen des Evangeliums zu lesen, ohne von der göttlichen Autorität Jesu betroffen zu sein. Er rief Menschen zu sich und befahl ihnen, ihm zu folgen, selbst um den Preis ihres Lebens. Er sprach mit einer persönlichen Autorität, die in der Erfahrung seiner Zuhörer einmalig war. Andere Lehrer seiner Zeit, die Schriftgelehrten und Pharisäer, zitierten das Gesetz und die Propheten, um ihre Argumente zu stützen. Jesus sagte: „Amen, amen, *ich sage…*" Geschehnisse bestätigten seine Autorität. Dämonen entflohen auf sein Wort hin. Wind und See beruhigten sich auf seinen Befehl. Die Toten standen auf, die Lahmen gingen und die Blinden sahen. C. S. Lewis schrieb:

Ein Mensch, der solche Dinge wie Jesus sagt, wäre kein großer Morallehrer. Er wäre entweder ein Irrer — oder der Satan in Person. Wir müssen uns deshalb entscheiden: Entweder war dieser Mensch Gottes Sohn, oder er war ein Narr oder Schlimmeres. Man kann ihn als Geisteskranken einsperren, man kann ihn verachten oder als Dämon töten. Oder man kann ihm zu Füßen fallen und ihn Herr und Gott nennen. Aber man kann ihn nicht mit gönnerhafter Herablassung als einen großen Lehrer der Menschheit bezeichnen. Das war nie seine Absicht; diese Möglichkeit hat er uns nicht offengelassen.[1]

Schriftglossar der Namen, Titel und Eigenschaften, die zeigen, daß Jesus und Jahwe eins sind

„... haben wir doch nur einen Gott..." — 1. Korinther 8,6

Bezeichnung	Für Gott gebraucht	Für Jesus gebraucht
JHWH (Ich bin)	2. Mose 3,14 5. Mose 32,39 Jes. 43,10	Joh. 8,24 Joh. 8,58 Joh. 18,4-6
Gott	1. Mose 1,1 5. Mose 6,4 Ps. 45,6.7	Jes. 7,14; 9,6 Joh. 1,1.14 Joh. 20,28 Tit. 2,13 Hebr. 1,8 2. Petr. 1,1
Alpha und Omega (Erster und Letzter)	Jes. 41,4 Jes. 48,12 Off. 1,8	Off. 1,17.18 Off. 2,8 Off. 22,12-16

Herr	Jes. 45,23	Matth. 12,8
		Apg. 7,59.60
		Apg. 10,36
		Röm. 10,12
		1. Kor. 2,8
		1. Kor. 12,3
		Phil. 2,10.11
Retter	Jes. 43,3	Matth. 1,21
	Jes. 43,11	Luk. 2,11
	Jes. 63,8	Joh. 1,29
	Luk. 1,47	Joh. 4,42
	1. Tim. 4,10	Tit. 2,13
		Hebr. 5,9
König	Ps. 95,3	Off. 17,14
	Jes. 43,15	Off. 19,16
	1. Tim. 6,14-16	
Richter	1. Mose 18,25	Joh. 5,22
	Ps. 50,4.6	2. Kor. 5,10
	Ps. 96,13	2. Tim. 4,1
	Röm. 14,10	
Licht	2. Sam. 22,29	Joh. 1,4.9
	Ps. 27,1	Joh. 3,19
	Jes. 42,6	Joh. 8,12
		Joh. 9,5
Fels	5. Mose 32,3.4	Röm. 9,33
	2. Sam. 22,32	1. Kor. 10,3.4
	Ps. 89,27	1. Petr. 2,4-8
Erlöser	Ps. 130,7.8	Apg. 20,28
	Jes. 48,17	Eph. 1,7
	Jes. 54,5	Hebr. 9,12
	Jes. 63,9	
Unser Heil	Jes. 45,24	Jer. 23,6
		Röm. 3,21.22

Gemahl	Jes. 54,5 Hosea 2,16	Matth. 25,1 Mark. 2,18.19 (Bräutigam) 2. Kor. 11,2 Eph. 5,25-32 Off. 21,2.9
Hirte	1. Mose 49,24 Ps. 23,1 Ps. 80,2	Joh. 10,11.16 Hebr. 13,20 1. Petr. 2,25 1. Petr. 5,4
Schöpfer	1. Mose 1,1 Hiob 33,4 Ps. 95,5.6 Ps. 102,25.26 Jes. 40,28	Joh. 1,2.3.10 Kol. 1,15-18 Hebr. 1,1-3.10
Spender des Lebens	1. Mose 2,7 5. Mose 32,39 1. Sam. 2,6 Ps. 36,10	Joh. 5,21 Joh. 10,28 Joh. 11,25
Vergeber der Sünden	2. Mose 34,6-7 Neh. 9,17 Dan. 9,9 Jona 4,2	Mark. 2,1-12 Apg. 26,18 Kol. 2,13 Kol. 3,13
Herr unser Heiler	2. Mose 15,26	Apg. 9,34
Allgegenwärtig	Ps. 139,7-12 Spr. 15,3	Matth. 18,20 Matth. 28,20 Eph. 3,17; 4,10
Allwissend	1. Kön. 8,39 Jer. 17,9.10.16	Matth. 11,27 Luk. 5,4-6 Joh. 2,25 Joh. 16,30 Joh. 21,17 Apg. 1,24

Allmächtig	Jes. 40,10-31.18 Jes. 45,5-13.18	Matth. 28,18 Mark. 1,29-34 Joh. 10,18 Judas 24
Präexistent	1. Mose 1,1	Joh. 1,15.30 Joh. 3,13.31.32 Joh. 6,62 Joh. 16,28 Joh. 17,5
Ewig	Ps. 102,26.27 Hab. 3,6	Jes. 9,6 Micha 5,2 Joh. 8,58
Unveränderlich	Jes. 46,9.16 Mal. 3,6 Jak. 1,17	Hebr. 13,8
Gegenstand der Anbetung	Matth. 4,10 Joh. 4,24 Off. 5,14 Off. 7,11 Off. 11,16	Matth. 14,33 Matth. 28,9 Joh. 9,38 Phil. 2,10.11 Hebr. 1,6
Mit göttlicher Autorität sprechend	„Der Herr sprach…" mehrere hundert Mal benutzt	Matth. 23,34-37 Joh. 7,46 „Amen, amen, ich sage…"

Kapitel 5

Gott wurde Mensch in Jesus Christus

Die Schrift lehrt, daß Jesus vollkommen Gott und gleichzeitig vollkommen Mensch war. Paulus sagt von Jesus: „Denn in ihm allein wohnt wirklich die ganze Fülle Gottes" (Kol. 2,9). Weil Jesus ganz Gott und ganz Mensch ist, steht er in der Dreieinigkeit in einer einzigartigen Beziehung zu dem Vater und dem Heiligen Geist.

Mit der Fleischwerdung beschloß Jesus freiwillig, sich unter die Autorität des Vaters zu stellen. Er tat das nicht, weil er es mußte, sondern weil er es wollte, als Teil von Gottes Plan. Paulus erklärt dies in Philipper 2,5-8:

> Seid untereinander so gesinnt, wie es dem Leben in Christus Jesus entspricht: *Er war Gott gleich,* hielt aber nicht daran fest, wie Gott zu sein, sondern er entäußerte sich und *wurde wie ein Sklave* und den Menschen gleich. *Sein Leben war das eines Menschen;* er erniedrigte sich und war gehorsam bis zum Tod, bis zum Tod am Kreuz.

Die Erklärung, daß Jesus seine Gleichheit mit Gott aufgab, setzt zunächst voraus, daß er diese Gleichheit besaß. (Das griechische Wort für „Gleichheit", das hier verwendet wird, kommt von der Wurzel *isos,* die in der Geometrie gebraucht wird, um das gleichschenklige Dreieck mit seinen zwei gleich langen Seiten zu beschreiben.)

Der Abschnitt aus dem Philipperbrief lehrt auch, daß Jesus in zwei Formen „war"; als Gott (Vers 6) und als ein Sklave (Vers 7): „Sein Leben war das eines Menschen." Die

Tatsache, daß Paulus erwähnt, das Leben Jesu sei das eines Menschen gewesen, zeigt das Unerwartete — Gott wurde Mensch. Das Wort *festhalten* bedeutet nicht, daß Jesus nach Gleichheit mit Gott trachtete, sondern daß er sie besitzt. Er hielt nicht an seinen göttlichen Vorrechten fest, solange er auf der Erde war. Er lebte sein Erdenleben durch die Macht seines Vaters. Gott wurde in Unterwerfung (dem Rang, nicht der Natur nach) unter den Vater Mensch und vollzog dann freiwillig den äußersten Akt der Unterwerfung: er opferte sich selbst für die Sünden der Welt.

Die Unterwerfung Jesu ändert nichts an seiner Wesensgleichheit mit dem Vater und dem Heiligen Geist. Gottes Sohn muß dieselbe Natur haben, wie sein Vater. Das wird in Johannes 5,17.18 veranschaulicht und von dem Bibelkommentator Leon Morris folgendermaßen erläutert:

… wir lesen, daß Jesus am Sabbat in Jerusalem einen Gelähmten heilte und dadurch in heftigen Konflikt mit den jüdischen Führern geriet. Die Verteidigung Jesu lautete: „Mein Vater ist noch immer am Werk, und auch ich bin am Werk" (Joh. 5,17). Die Juden waren wütend, „… weil er nicht nur den Sabbat brach, sondern auch Gott seinen Vater nannte und sich damit Gott gleichstellte" (Vers 18). … Der Imperfekt bezeichnet nicht eine einzelne, isolierte Handlung, sondern ein fortdauerndes Geschehen. Außerdem war dieses Geschehen weder ziellos, noch auf religiöse Nachlässigkeit oder Ähnliches zurückzuführen. Es beruhte auf der Idee Jesu von seiner Beziehung zum himmlischen Vater. Weil er der Sohn war, handelte er am Sabbat so, wie er es tat. Daher sahen die Juden in seiner Einstellung zum Sabbat nicht einfach den Bruch eines der Gebote, sondern Gotteslästerung, und zwar von der schlimmsten Art: „sich Gott gleichstellen". Kein Wunder, daß sie ihn in Galiläa verfolgten.[1]

Wie der Vater ständig am Werk ist (gemeint ist die Erhaltung des Universums usw.), sagte Jesus, daß auch er am Werk sei — nicht als ein Diener, der dem Vater gehorcht, sondern gleichgestellt mit dem Vater. Wie Professor E. W. Hengstenberg feststellt:

Die Behauptung, Gott arbeite unaufhörlich, am Sabbat nicht weniger, als an anderen Tagen, war den Juden zur Zeit Christi geläufig. Die Ruhe am siebten Tag in 1. Mose 2,3 bezieht sich, wie ausdrücklich gesagt wird, nur auf das Schöpferwerk und wurde von den Juden immer so verstanden. Es betraf nur den ersten Sabbat. Das spätere göttliche Wirken kennt keine Unterscheidung von Tagen. Daß Christus Gott in einem anderen Sinne Vater nannte, als dies ganz Israel tat (Jes. 54,7), zeigte sich, wie die Juden empfanden, in der Schlußfolgerung, die er aus dieser Beziehung zog.[2]

Der springende Punkt besteht für Jesus darin, daß wie der Vater, so auch der Sohn am Werk ist. Die Wahl seiner Worte war kein Zufall. Der Sabbat war für die Ruhe bestimmt, nicht für die Arbeit, und Jesus hatte gerade jemand am Sabbat geheilt. Aber Jesus behauptete weiterhin, daß sowohl er, als auch der Vater, sein eigener einzigartiger Vater, am Werk seien. Wie der Vater unaufhörlich seine Schöpfung erhält, so erhält auch Jesus unaufhörlich die Schöpfung (vgl. Kol. 1,16). Für einen Juden war das Gotteslästerung.

Die Juden verstanden, was Jesus sagte, wenn er Gott seinen *eigenen* Vater nannte. Jesus behauptete nicht, wie die Juden es oft taten, Gott sei „unser Vater" im Sinne des Bundes. Vielmehr beanspruchte Jesus eine spezielle, einzigartige und natürliche Beziehung zum Vater, wenn er von Gott als „mein Vater" sprach.

C. K. Barrett kommentiert:

Jesus hatte Gott seinen eigenen Vater genannt ... eine Redeweise, die nicht aus liturgischem Brauch oder der Auffassung von Israel als dem Kind Gottes entstand ... und die Annahme eines Werkes, das in gleicher Weise sowohl auf Jesus als auf Gott zutrifft, konnte nur bedeuten, daß Jesus Gott gleich war.[3]

69

Weil Jesus in der Fleischwerdung menschliche Form annahm, können wir Gott so wesentlich sehen, wie es in dieser Welt überhaupt möglich ist. In Jesus Christus, dem Gott-Menschen, erblicken wir die „Herrlichkeit des einzigen Sohnes vom Vater" (Joh. 1,14). Doch andere Passagen sagen: „Kein Mensch bleibt am Leben, der mich (Gott) schaut", „niemand hat Gott je gesehen", „den kein Mensch gesehen hat noch je zu sehen vermag" (bezogen auf Gott) (2. Mose 33,20; Joh. 1,18; 1. Tim. 6,16; 1. Joh. 4,12 usw.).

Niemand könnte die Gesamtheit Gottes in all seiner Macht und Herrlichkeit sehen und leben — das ist wahr. Selbst die Gegenwart von Engeln versetzte fromme Menschen in überwältigende Angst und Furcht, dem Tode nahe (Dan. 10,5-11).

Doch Gott wurde „gesehen". Als Mose bat, Gott zu sehen, antwortete Gott: „Kein Mensch bleibt am Leben, der mich schaut." Aber, fuhr Gott fort, er werde Moses in eine Felskluft stellen und seine Hand über ihn halten. Dann werde seine „Herrlichkeit" vorübergehen. Und wenn seine Herrlichkeit vorüber sei, sagte Gott: „Und wenn ich dann meine Hand weghebe, darfst du mir nachschauen, aber mein Angesicht kann niemand sehen" (2. Mose 33,23). So sah Moses Gott, wenn auch nur in einem Grade, den er ertragen konnte. Es gibt auch noch andere Gelegenheiten, bei denen Gott „gesehen" wurde. Nachdem Jakob mit einem „Mann", einer physischen Manifestation Gottes, gerungen hatte, sagt die Schrift, er habe „mit Gott gestritten" (1. Mose 32,28, vgl. Hos. 12,3-4). Jakob sagte: „Ich habe Gott von Angesicht zu Angesicht geschaut und bin am Leben geblieben" (1. Mose 32,30). Moses, Aaron, Nadab, Abihu und siebzig von den Ältesten Israels „schauten den Gott Israels ... sie schauten Gott" (2. Mose 24,9-11). Der Vater Simsons rief aus: „Wir müssen sterben, denn wir haben

Gott gesehen" (Richt. 13,22). Nach einer himmlischen Vision von Gott sagte Jesaja: „... ich (sah) den Herrn ... ich ... habe den König, den Herrn der Heerscharen, mit meinen Augen gesehen" (Jes. 6,1-3.5).

Das Bild, das die Schrift bietet, ist also, daß menschliche Wesen nicht die ganze Herrlichkeit und Macht Gottes sehen und am Leben bleiben können.

Das Neue Testament lehrt, daß Gott in Zeit und Geschichte in der Person Jesu Christi gesehen wurde. Jesus sagte, ihn zu sehen, sei dasselbe, wie Gott zu sehen (Joh. 12,45; 14,5-9). Kolosser 1,15 sagt, Christus sei „das Ebenbild des unsichtbaren Gottes". Der Verfasser des Hebräerbriefes schreibt, Christus sei „der Abglanz seiner, des Vaters, Herrlichkeit und das Abbild seines Wesens" (Hebr. 1,3). Das Griechische bedeutet „exakte Reproduktion", ein stärkerer Ausdruck, als in Kolosser 1,15. Nach Joseph H. Thayer wurde er benutzt, um den Abdruck zu bezeichnen, den ein Siegel oder ein Prägestempel in Wachs oder Metall hervorruft, d.h. ein genaues Abbild, eine „präzise Reproduktion in jeder Hinsicht".[4]

Die Offenbarung Gottes in Christus ist ein Vorgeschmack auf die kommende volle Offenbarung der Heiligen Dreieinigkeit. Jesus Christus kam zuerst, um hinzuweisen und zu bitten. Er wird wiederkommen, um zu richten und zu fordern. Wie C. S. Lewis es ausdrückte:

Warum kommt Gott getarnt auf diese von Feinden besetzte Welt und stiftet eine Art Geheimbund, um so dem Teufel das Wasser abzugraben? Warum landet er nicht mit Heeresmacht und startet eine Invasion? Ist er dazu etwa nicht stark genug? Die Christen glauben, daß er eines Tages mit Heeresmacht kommen wird; wann, wissen wir nicht. Aber wir können uns denken, warum er es nicht gleich getan hat. Er will uns die Chance dazu geben, aus freiem Willen auf seine Seite zu treten. Ich glaube, niemand hätte viel von einem Franzosen gehalten, der erst nach dem Einmarsch in Deutschland verkündet hätte, er stehe auf alliierter Seite. Gott wird kommen. Aber ich zweifle, ob gerade die Leute, die von Gott verlangen, er solle offen und unmittelbar in unsere Welt eingreifen, sich richtig vorstellen können, was dann geschehen wird. Wenn das geschieht, ist das Ende der Welt da. Wenn der Autor auf die Bühne tritt, ist das Spiel aus. Gott wird kommen, aber was dann? Was hilft es dann dem Menschen zu sagen, er sei auf Gottes Seite? Dann, wenn die ganze Welt dahinschwindet, als wäre sie nie gewesen, und etwas hereinbricht, das all unsere Vorstellung übersteigt, das manchen von uns so herrlich, anderen so furchtbar erscheinen wird, und wir keine Wahl mehr haben. Dann nämlich wird sich Gott in seiner wahren Gestalt zeigen, und das so überwältigend, daß es in aller Kreatur unendliche Liebe oder unendliches Grauen erwecken wird. Dann wird die Zeit des Wählens vorüber sein.[5]

Jesus Christus als Sohn

In der Bibel wird das Wort *Sohn* auf verschiedene Weisen verwendet, im allgemeinen und im übertragenen Sinne. Im Griechischen gibt es zwei Wörter, die mit „Sohn" übersetzt werden: *teknon* und *huios. Teknon,* das griechische Äquivalent für unser Wort *Sohn,* kommt von einer Wurzel, die mit Kindergebären zu tun hat und kann mit Sohn, Tochter oder Kind übersetzt werden. Das andere griechische Wort, *huios,* konnte auch im wörtlichen Sinn verwendet werden, wurde aber, wie *Strong's Exhaustive Concordance* zeigt, „sehr häufig für unmittelbare oder bildliche Verwandtschaft gebraucht".[6]

Für Jesus wurde das Wort *Sohn* in mindestens vier Verbindungen gebraucht: Sohn Marias, Sohn Davids, Menschensohn, Sohn Gottes. Diese vier Ausdrücke zusammen beschreiben die natürliche Beziehung Jesu zum Vater und zu den Menschen.

Sohn Marias. Gemäß seiner menschlichen Natur hatte

Jesus ein Elternteil, Maria. In diesem Sinne war Jesus von Nazareth buchstäblich und physisch ein „Sohn".

Sohn Davids. In diesem Falle wird Sohn *(huios)* Davids oft als bildlicher Ausdruck betrachtet, weil Jesus nicht buchstäblich in erster Generation ein Nachkomme Davids ist (vgl. Matth. 22,42-45). Doch es kann auch bedeuten, daß Jesus ein Nachkomme und Erbe Davids ist.

Menschensohn. Der Ausdruck *Menschensohn* ist ausgesprochen jüdisch und wird zuerst im Alten Testament verwendet. Für *Mensch* gab es zwei Wörter — *adam* und *nos* — und beide wurden in kollektivem Sinn gebraucht (d.h. Menschheit). Ein Einzelner konnte als ein „Menschensohn" bezeichnet werden. So wird z.B. der Prophet Hesekiel neunzig Mal „Menschensohn" genannt. Der Ausdruck nimmt in Daniel 7,13.14 messianische Untertöne an.

Im Neuen Testament wird der Begriff „Menschensohn" ausschließlich für Jesus verwendet, außer in Hebräer 2,6-8, wo er die Menschheit allgemein bezeichnet. Während das Alte Testament ihm einen allgemeinen Sinn gibt, gebraucht Jesus ihn als bildlichen Titel, wenn er sagt, er sei „*der* Menschensohn". Nur dreimal wird der Ausdruck außerhalb der Evangelien auf Jesus angewandt (Apg. 7,56; Off. 1,13; 14,14). Er kommt zweiunddreißigmal bei Matthäus, fünfzehnmal bei Markus, fünfundzwanzigmal bei Lukas und zwölfmal bei Johannes vor; und in jedem Fall kommt er von den Lippen Jesu selbst (außer Joh. 12,34, wo jemand ihn fragt, was er mit diesem Titel meint).

Der häufige Gebrauch des Ausdrucks erscheint in jeder Facette des Lebens Christi: Seinem öffentlichen Wirken, seinem Leiden und der künftigen Herrlichkeit.[7] Alle Evangelien hindurch gab Jesus dem Titel ständig vollere Bedeutung.

Wenn Christus den Titel gebraucht, dann scheint das zwei

Gedankengängen zu folgen. Erstens, der Begriff Menschensohn offenbart eine göttliche Figur. Christus gebrauchte den Ausdruck zur Demonstration seiner Autorität, Sünden zu vergeben (Matth. 9,6; Mark. 2,10; Luk. 5,24) und als Herr des Sabbats (Matth. 12,8; Mark. 2,28; Luk. 6,5). Die Betonung liegt auf der Autorität Christi. (Der deutliche Hinweis besagt, daß Christus Autorität beansprucht, die nur Gott allein besitzt. Wenn Christus den Ausdruck verwendet, kann das auch in Hinblick auf seine künftige Herrlichkeit betrachtet werden.)

Zweitens, der Gebrauch des Begriffes Menschensohn offenbart eine menschliche Figur. Ohne Frage zeigt der Gebrauch dieses Titels durch Jesus oft auch seinen Wunsch, auf seine Menschlichkeit ebenso wie auf seine Göttlichkeit zu deuten. Wir sehen das in den Evangelien auf zwei bezeichnende Weisen: erstens, der Titel wird für Christus verwendet, wenn es um das geht, was man als seine tägliche Arbeit bezeichnen könnte (Matth. 11,19). Zweitens, der Titel wird für Jesus verwendet in Hinblick auf sein Leiden und seinen Tod (Mark. 8,31). Schon die Idee von Jesus als Mensch deutet die Tatsache an, daß er schließlich sterben muß, eine Vorstellung, an die die Juden für ihren Messias schwer glauben konnten. Drittens, Jesus stellte sich selbst nicht nur als der Menschensohn dar, der leiden und sterben mußte, sondern auch als derjenige, der in Herrlichkeit wiederkehren würde (Matth. 24,30; Mark. 14,62; Luk. 17,22; 18,8; 22,69 usw.).

Bei seiner Befragung vor dem Synedrium und dem Hohenpriester Kajaphas identifizierte er sich eindeutig als der „Menschensohn", von dem es in Daniel 7,13.14 heißt:

Ich schaute in den Nachtgesichten, und siehe, mit den Wolken des Himmels kam einer, der einem Menschensohn glich, und gelangte bis zu dem Hochbetagten, und er wurde vor ihn geführt. Ihm wurde Macht verliehen und Ehre und Reich, daß die Völker aller Nationen und Zungen ihm dienten ...

Kajaphas fragte Jesus: „Bist du der Messias, der Sohn des Hochgelobten Gottes?" Jesus sagte: „Ich bin es *(ego eimi)*. Und ihr werdet den Menschensohn zur Rechten der Macht sitzen und mit den Wolken kommen sehen" (Mark. 14,61.62). Indem er das sagte, gab Jesus eine machtvolle Versicherung seiner künftigen Wiederkehr in großer Herrlichkeit, um über die Erde zu richten und zu herrschen. Bei dieser Begegnung mit Kajaphas ist bedeutsam, daß Jesus gleichzeitig die Titel „Menschensohn" und „Sohn des Hochgelobten" akzeptierte (vgl. Joh. 3,15-17).

Gleason Archer erklärt, warum der Messias notwendigerweise zwei Naturen, die menschliche und die göttliche, haben muß:

Das erhebt die Frage, was der Titel „Menschensohn" ... bedeutete. Warum wurde der Messias als verklärter Mensch dargestellt und nicht als der göttliche König der Herrlichkeit? Die Antwort findet sich in der unabdingbaren Notwendigkeit der Fleischwerdung für die Erlösung des Menschen. Die gefallene, schuldige Rasse Adams konnte ihre Sünden nicht sühnen, ohne einen Sündenträger, der sie als wahrer Mensch vertrat und sein Leben für sie hingab. Der Ausdruck des Alten Testaments für Erlöser ist *go'el,* was bedeutet „Verwandten-Erlöser". Er mußte also blutsverwandt sein mit der Person, deren Sache er übernahm und um die er sich kümmerte, ob es darum ging, jemand aus der Sklaverei freizukaufen (3. Mose 25,48), sein Eigentum, das als Hypothek verfallen war, auszulösen (3. Mose 25,25), für seine kinderlose Witwe zu sorgen (Ruth 3,13) oder sein Blut an seinem Mörder zu rächen (4. Mose 35,19).

Gott offenbarte sich Israel als *go'el* seines Bundesvolkes (2. Mose 6,6; 15,13; Jes. 41,1; Ps. 19,15 ...); aber bevor Gott durch das Wunder der Fleischwerdung und der jungfräulichen Geburt Mensch wurde, war es für das alte Volk Gottes ein Geheimnis, wie er jemals zu ihrem *go'el* werden konnte. Gott war ihr Vater durch die Schöpfung, selbstverständlich, aber *go'el* bedeutet Blutsverwandtschaft auf physischer Ebene. Und so mußte Gott einer von uns werden, um uns von Schuld und Strafe unserer Sünden zu erlösen. „Und das Wort ist Fleisch geworden und hat unter uns gewohnt, und wir haben seine Herrlichkeit gesehen, die Herrlichkeit des einzigen Sohnes vom Vater, voll Gnade und Wahrheit" (Joh. 1,14).

Gott als Gott konnte uns unsere Sünden nicht vergeben, ohne daß für sie voll bezahlt wurde; sonst hätte er die Verletzung seines eigenen heiligen Gesetzes gutgeheißen und geschützt. Nur als Mensch konnte Gott in Christus eine Sühne darbieten, die ausreichte, um die Sünden der Menschheit zu büßen; denn nur ein Mensch, ein wahrer Mensch, konnte die menschliche Rasse richtig vertreten. Aber unser Erlöser mußte Gott sein, denn nur Gott konnte ein Opfer von so unendlichem Wert bringen, um die ewige Höllenstrafe aufzuwiegen, die unsere Sünden gemäß dem rechtmäßigen Anspruch der göttlichen Gerechtigkeit fordern. Nur Gott konnte einen Weg zur Rettung ersinnen, der es ihm möglich machte, gerecht zu bleiben und gleichzeitig die Gottlosen gerecht zu machen (Röm. 4,5), statt sie in die ewige Verdammnis zu schicken, wie sie es verdienten ... denn es war der vollkommene Mensch, der auch unendlicher Gott war, der ein wirksames Opfer für die Gläubigen aller Zeiten darbrachte.[8]

Die Verwendung des Ausdrucks „Menschensohn" durch Christus gewinnt ihre volle Bedeutung, wenn man den Hinweis Daniel 7,13 betrachtet. Der Titel ist unleugbar messianisch, und Christus behauptete eindeutig, derjenige zu sein, von dem in Daniel 7,13 die Rede ist. Der Titel bei Daniel wurde von den Juden als messianisch verstanden, aber mit den beiden Erklärungen, die Jesus hinzufügte, rechneten die jüdischen Führer nicht. Erstens, die Juden sahen in der prophetischen Vorhersage einen sieghaften Messias, keinen leidenden. Für sie lag der Schwerpunkt mehr auf einem politischen, als auf einem geistlichen Befreier. Doch Jesus schilderte ihnen den Menschensohn als leidenden Messias, einen, der kommen muß, um zu sterben. Zweitens hatten

die jüdischen Führer den Messias nicht als fleischgewordenen Gott erwartet. In der jüdischen Tradition war es ein
Ding, zu behaupten, der Messias zu sein, aber etwas völlig
anderes, zu behaupten, ein göttlicher Messias zu sein.

Zusammenfassend war der Titel „Menschensohn" ein
nicht ganz klarer Begriff für die Zeitgenossen Jesu, weil er
mit Vorstellungen von der Natur des Messias als
Verwandten-Erlöser, leidender Knecht und kommender
Richter und Weltenherrscher beladen war.

Sohn Gottes

Wir kommen nun zu dem Ausdruck „Sohn Gottes". Wie
sollen wir ihn verstehen? Daß Jesus der Sohn Gottes ist, die
zweite Person in der Heiligen Dreifaltigkeit, ist wesentlich für
die Lehre von der Fleischwerdung. Jesus ist der Sohn Gottes in der Schrift. Der Vater ist nicht Mensch geworden. Der
Geist ist nicht Mensch geworden. Der Sohn wurde Mensch.
Manche Leute haben Fragen zu dem Wort *Sohn,* sie interpretieren es, wo immer es erscheint, im wörtlichen Sinne,
daß ein Sohn einem Vater und einer Mutter geboren wird.
Nach ihrem Gedankengang konnte Jesus auf keinen Fall
Gott sein, weil er Gottes Sohn war. Manche Leute könnten,
unter Ausnutzung der Tatsache, daß Jesus ein Sohn ist,
sagen: „Haben Sie jemals von einem Sohn gehört, der keinen Anfang hatte?" Damit wollen sie den „erschaffenen"
Sohn in Gegensatz zum nicht erschaffenen Vater stellen.
Natürlich kann man die Frage auch umdrehen: „Haben Sie
jemals von einem Vater gehört, der keinen Anfang hatte?"
Der Begriff „Sohn *(huios)* Gottes" kann verwendet werden,
um die vollkommene Göttlichkeit Christi zu bezeichnen,
ebenso wie der Begriff „Menschensohn", wie schon erläu-

tert, seine vollkommene Menschlichkeit (und Göttlichkeit) bezeichnete.

Menschensohn = Vollkommene Menschlichkeit
(und Göttlichkeit)

Sohn Gottes = Vollkommene Göttlichkeit

W.G.T. Shedd stellt fest, „die Benennung ‚Sohn', die der zweiten Person der Dreieinigkeit gegeben wird, kennzeichnet eine immanente und ewige Wesensverwandtschaft."[9] Ein offensichtlicher Schluß aus Shedds Erklärung lautet, wenn der Vater ewig ist, dann ist der Sohn es ebenfalls. So verdeutlicht Shultz: „Das Verhältnis von Sohn und Vater zwischen Christus und der Ersten Person beinhaltet weder im Wesen, noch in der Stellung eine Minderwertigkeit."[10]

Boettner macht eine entscheidende Bemerkung:

In Zusammenhang mit einer früheren Abhandlung zur Lehre von der Dreifaltigkeit haben wir darauf hingewiesen, daß in der theologischen Sprache die Ausdrücke „Vater" und „Sohn" nicht unsere westlichen Vorstellungen von einerseits der Quelle des Seins und Überlegenheit und andererseits Unterordnung und Abhängigkeit beinhalten, sondern vielmehr die semitischen und orientalischen Vorstellungen von *Ähnlichkeit* oder *Gleichheit der Natur* und Ebenbürtigkeit des Wesens. Es ist selbstverständlich das semitische Bewußtsein, das hinter der Ausdrucksweise der Schrift steht und wann immer die Schrift Christus als „Sohn Gottes" bezeichnet, bestätigt sie seine wahre und ihm eigene Göttlichkeit. Sie kennzeichnet eine einzigartige Beziehung, die von keinem Geschöpf behauptet oder geteilt werden kann. Wie jeder menschliche Sohn in seinem Grundwesen seinem Vater gleich ist, d.h. im Besitz der Menschlichkeit, so war auch Christus, der Sohn Gottes, in seinem Grundwesen dem Vater gleich, d.h. im Besitz der Göttlichkeit.[11]

Schultz führt aus:

Obwohl in der Schrift auch andere als „Söhne Gottes" bezeichnet werden, z.B. Engel, Adam, Hesekiel und die Christen, ist Christus in einem einmaligen und ausschließlichen Sinn der Sohn. Griffith Thomas bemerkt sorgfältig, daß der Titel „Sohn Gottes" in diesen Formen im Griechischen zu finden ist — manchmal mit dem Artikel vor jedem der beiden Wörter, manchmal ganz ohne Artikel. Zumindest die erste dieser Formen ist ein Titel der Göttlichkeit und findet sich im Neuen Testament 25 Mal auf Christus angewendet. Durch diesen Titel verstanden die Juden den hohen Anspruch Christi und verurteilten ihn wegen seiner Bedeutung und seinen Anspielungen (Matth. 26,63; Luk. 22,70; Joh. 19,7). Es war ein Anspruch auf Göttlichkeit und nicht bloß darauf, der Messias zu sein. Der Herr hat seine Sohnschaft niemals mit der Sohnschaft anderer gleichgestellt. Er unterschied die beiden sogar ausdrücklich (Joh. 20,17). Die Jünger erkannten, daß Christus als Sohn Gottes der ewige Gott war.[12]

Es wird deutlich, daß die unterschiedlichen Gebrauchweisen des Titels auf die Wahrheit der Fleischwerdung deuten — daß *Gott Mensch* wurde. Wenn der Begriff Menschensohn bedeutet, daß Christus Mensch ist, dann bedeutet der Begriff Sohn Gottes, daß Christus Gott ist.

Kapitel 6

Wir haben das Zeugnis der frühen Kirche

Das Zeugnis der frühen christlichen Kirche ist in seiner Bestätigung der Göttlichkeit Christi eindeutig. Die Schriften der Kirchenväter und Apologeten beweisen ihren Glauben an diese oberste Doktrin.

Die Kirchenväter sprechen *in ihren Schriften* von Christus als „ewig", „fleischgewordener Gott", „Schöpfer" oder im Besitz anderer *ausschließlich göttlicher Eigenschaften.*[1]

Im folgenden einige repräsentative Zitate daraus:

● *Polykarp* (69 - 155 n.Chr.), Bischof von Smyrna, war ein Jünger des Apostels Johannes. Er schrieb: „Nun mögen der Gott und Vater unseres Herrn Jesus Christus und der *ewige* Hohepriester selbst, der Sohn Gottes Jesus Christus dich im Glauben stärken ..."[2]

● *Ignatius* (starb ca. 110 n.Chr.), Haupt der Kirche in Antiochia, war ein Zeitgenosse von Polykarp, Klemens und Barnabas und starb als Märtyrer im Kolosseum. In seinem *Brief an die Epheser* schrieb er von Christus als „unser Gott, Jesus Christus."[3]

In einem anderen Brief an Polykarp ermahnt Ignatius ihn, „erwarte ihn, der über aller Zeit steht, den *Ewigen, den Unsichtbaren, der sichtbar wurde für unser Heil ...* der gelitten hat für unser Heil."[4]

Er fügte im Briefwechsel mit Smyrna hinzu: „...wenn sie nicht an das Blut Christi glauben, *(welcher Gott ist),* erwartet

80

auch sie das Gericht."[5]

Die folgenden Auszüge stammen von Kirsopp Lake:[6]

Ignatius an die Epheser (i, Gruß) — „...Jesus Christus unser Gott..."

Ignatius an die Epheser (i.1) — „...durch das Blut Gottes..."

Ignatius an die Epheser (vii.2) — „...der Gott ist in menschlicher Gestalt..."

Ignatius an die Epheser (xvii.2) — „...erhielt Kenntnis von Gott, das heißt, Jesus Christus"

Ignatius an die Epheser (xviii.2) — „Denn unser Gott, Jesus der Christus..."

Ignatius an die Epheser (xix.3) — „...denn Gott war offenbar als Mensch..."

Ignatius an die Magnesier (xi.1) — „...Christus, der seit Ewigkeit bei dem Vater war..."

Ignatius an die Magnesier (xiii.2) — „Jesus Christus war dem Vater untertan."

Ignatius an die Trallier (vii.1) — „...von Gott, von Jesus Christus..."

Ignatius an die Römer, (Gruß) — „Jesus Christus, unser Gott" (zweimal)

Ignatius an die Römer (iii.3) — „...unser Gott, Jesus Christus."

Ignatius an die Römer (vi.3) — „...leiden, um dem Beispiel der Passion meines Gottes zu folgen."

Ignatius an die Smyrnaer (i.1) — „Jesus Christus, der Gott"

Ignatius an Polykarp (viii.3) — „...unser Gott, Jesus Christus."

Brief von Barnabas (vii.2) — „Sohn Gottes, obwohl er der Herr war..."

Der Kirchenhistoriker John Weldon bemerkte: „...die

Tatsache, daß Ignatius von den Menschen und den Kirchen, an die er Briefe sandte, nicht als Ketzer getadelt oder gebrandmarkt wurde, zeigt, daß die frühe Kirche, lange vor 115 n.Chr., allgemein die Göttlichkeit Christi akzeptierte."[7]

● *Irenaeus* (ca. 125 - 200 n.Chr.), ein Jünger Polykarps, erklärte in *Gegen die Ketzerei* (4:10), wie Christus oftmals von Moses gesehen wurde und daß es Christus war, der aus dem brennenden Busch sprach. Irenaeus führte weiter über die Beziehung Christi zu Gott, dem Vater, aus: „Denn mit ihm waren immer gegenwärtig das Wort und die Weisheit, der Sohn und der Geist, *durch die* und in denen er, frei und aus eigenem Antrieb, alles gemacht hat, zu denen er auch spricht: ‚Lasset uns Menschen machen, nach unserm Bilde‘ uns ähnlich."[8]

● *Justinus, der Märtyrer* (110 - 166 n.Chr.), ein Apologet, der den Glauben in sehr gelehrter Weise verteidigte, bestätigte: „Ich habe oft gesagt, oft genug, daß, wenn mein Gott sagt: ‚Gott erschien dem Abraham‘; oder ‚Der Herr sprach zu Moses‘ und ‚Da fuhr der Herr hernieder, um den Turm zu besehen, den die Menschenkinder gebaut hatten‘ oder ‚Gott schloß die Arche hinter Noah zu‘, ihr euch nicht vorstellen dürft, daß der nicht gezeugte Gott selbst irgendwo hinab oder hinauf ging. Denn der unbeschreibliche Vater und Herr aller kommt nicht, noch geht oder schläft er, noch steigt er auf." Abraham und Isaak und Jakob sahen nicht den unbeschreiblichen Herrn, sondern Gott, seinen Sohn, „der auch Feuer war, als er mit Moses aus dem Busch sprach" *(Dialoge, cxxxvii)*. Er fuhr fort: „Unser Christus sprach mit Moses in der Erscheinung des Feuers aus dem Busch." Es war nicht der Vater des Universums, der so mit Moses sprach, sondern „Jesus der Christus", „der Engel und Apostel", „der auch Gott ist", ja, „der Gott Abrahams, Isaaks und Jakobs" und „der Ich bin, der Ich bin" *(Erste Apologie,* lxii, lxiii).

● *Klemens* (starb ca. 101 n.Chr.), Bischof von Rom, bezieht in der *Didache* (Kapitel 16) ein Zitat aus Sacharja (14,5) auf unseren Herrn: „Der Herr wird kommen und alle Heiligen mit ihm"; und im vierzehnten Kapitel wendet er auf ihn zwei Zitate an, die frei entnommen sind aus Maleachi 1,11.14 und die sich gleichermaßen auf Jehova beziehen.

Klemens stellt „unseren Herrn Jesus Christus, das Zepter der Majestät Gottes" (xvi), als den Herrn dar, von dem Maleachi erwartete, daß er plötzlich zu seinem Tempel komme (xxiii); der schon im Alten Testament durch den Heiligen Geist gesprochen hat.

Dies sind nur einige der zahlreichen Schriften der Kirchenväter, die hier hätten zitiert werden können.

Sollte irgend jemand behaupten, diese Dokumente seien gefälscht, dann ist es an dieser Person, ihre Vorwürfe zu beweisen und historisch belegte Schriften der frühen Kirche vorzulegen, die besagen, Christus sei *nicht* Gott. Nach hunderten von Jahren ist keine gefunden und als echt erwiesen worden, die von irgendeinem Kirchenführer vor Arius (frühes viertes Jahrhundert) stammte.

Zweitens zu dem Argument, daß die Schrift verfälscht und wichtige Lehren erst später hinzugefügt worden sein könnten, das gesamte Neue Testament, wie wir es heute kennen, findet sich, mit Ausnahme von ca. 11 Versen, in den Schriften der frühen Kirchenväter *vor* 325 n.Chr., ganz abgesehen von den Tausenden vollständiger oder unvollständiger Manuskripte des Neuen Testaments in Latein oder Griechisch, die wir besitzen. Die Bibel, wie sie heute existiert, ist das bestdokumentierte Stück antiker Literatur in der Welt. Wollte man aus dem Neuen Testament alle Verse ausmerzen, die die Göttlichkeit Christi lehren, bliebe davon nichts als ein zerlumpter Schwindel, eine Lüge gegen alle historischen Zeugnisse.

Der früheste Bericht von einem „Christen", der die Göttlichkeit Christi leugnete, findet sich nicht vor 190 n.Chr., als ein byzantinischer Lederhändler mit Namen Theodotus mit Hinblick auf seine Leugnung Christi sagte: „Ich habe nicht Gott geleugnet, sondern einen Menschen..." Danach dauerte es bis 318 - 320 n.Chr., als ein Presbyter aus Alexandria mit dem Namen Arius die Göttlichkeit Christi leugnete, daß die Frage zu einem größeren theologischen Streitpunkt innerhalb der Kirche wurde. Der Aufruhr, den dieser Streit verursachte, ist ein starker Beweis dafür, daß die Kirche bis zu diesem Zeitpunkt die Göttlichkeit Christi niemals ernstlich in Frage gestellt hatte. Andernfalls wäre die Lehre des Arius als alltäglich ignoriert worden. Die Glaubensanschauungen der Christen zur Zeit der Kontroverse, einschließlich ihres Glaubens, daß Christus Gott war, hatten sich in $2^1/_2$ Jahrhunderten schärfster Verfolgungen gebildet. Das Konzil von Nicäa (325 n.Chr.) war einberufen worden, um die Streitfrage kirchlich zu lösen. Nach drei Monaten gewissenhafter Beratung wurde die Göttlichkeit Christi durch das Konzil bestätigt. Arius und seine beiden verbliebenen Anhänger wurden als Ketzer ausgestoßen.[9]

Manche behaupten, daß Konstantin den Teilnehmern des Konzils von Nicäa die orthodoxe Auffassung aufzwang, daß die Christen aus Furcht seinen Wünschen nachgaben. Das ist nicht wahr. Wenn überhaupt, dann war es Konstantin, der von ihnen beeinflußt wurde. Historische Aufzeichnungen berichten uns, daß Konstantin, als er die Narben und Wunden der Gläubigen sah, die für ihren Glauben an Christus gefoltert worden waren, herumging und diese Narben küßte. Diese Christen, von denen viele Augen und Gliedmaßen wegen ihres Glaubens verloren hatten, hätten einem unheiligen Druck durch Konstantin nicht nachgegeben.

Arius und seine Anhänger glaubten an die Präexistenz Christi und daß Christus der Schöpfer der Welt war. Die Frage, ob Christus „nur" ein Mensch war, stellte auf dem Konzil von Nicäa keinen Streitpunkt dar; die Frage lautete vielmehr: „War Jesus ‚Gott' oder ‚ein Gott'?"

Trotz seiner Ausstoßung beeinflußte Arius einen großen Teil der Kirche noch viele Jahre nach dem Konzil von Nicäa. Während dieser Zeit wurde Athanasius, der Führer der orthodoxen Auffassung und später Bischof von Alexandria, fünfmal von arianischen Führern verbannt. Erst 381 n.Chr. auf dem Konzil von Konstantinopel, wurde die Opposition dauerhaft zum Schweigen gebracht.

Das Nicänische Glaubensbekenntnis, entstanden in Aufruhr und Kontroverse, ist noch heute ein theologischer Eckstein der Kirche.

Mark Noll schreibt über das Nicänische Glaubensbekenntnis:

Im Jahre 325 n.Chr. berief der römische Kaiser Konstantin der Große die Führer der Kirche in eine kleine Stadt, die jenseits des Marmara Meers seiner neuen Hauptstadt Konstantinopel gegenüberlag (heutige Istanbul). Konstantin war beunruhigt wegen des religiösen Streits, der die Einheit seines Reiches bedrohte. Die Auseinandersetzung war entbrannt um die Lehren eines niederen Kirchenbeamten in Alexandria, Ägypten. Die Bischöfe, die in Nicäa zusammenkamen, um über die Lehren dieses Priesters, Arius, zu urteilen, brachten ein denkwürdiges Bekenntnis des christlichen Glaubens hervor.

Dieses Bekenntnis, das durch spätere Zusätze erweitert wurde, ist heute als Nicänisches Glaubensbekenntnis bekannt, ein Glaubensbekenntnis, das nicht nur die erste formale Definition der Dreifaltigkeit gegen heretische Lehren war, sondern auch das erste christliche Glaubensbekenntnis, das universelle Annahme in der Kirche fand. (Es ist heute noch in den Gottesdiensten der Orthodoxen, Römisch-katholischen, Lutheranischen und Episkopalen Kirchen in Gebrauch.) Die Bedeutung des Glaubensbekenntnisses liegt in seinem kraftvollen und eindeutigen Zeugnis für die einzigartige Natur Jesu Christi als Retter der Welt.

Die Lehren, die Arius verbreitete, illustrieren eine allgemeine Tendenz, die sich durch die gesamte christliche Geschichte zieht, nämlich die Tatsachen der Offenbarung Gottes in Christus und in der Schrift gängigen Konzeptionen der Logik oder der „Vernunft" zu unterwerfen. Arius argumentierte, wenn Gott (der Vater) absolut vollkommen ist, absolut transzendent, absolut unveränderlich und der Urheber aller Dinge — ohne selbst von irgend etwas anderem herzustammen — dann ist es offensichtlich, daß alles und jeder sonst in der Welt von Gott abgesetzt ist. Und, fügte Arius hinzu, wenn *alles* von Gott abgesetzt ist, dann muß auch Jesus von Gott abgesetzt sein.

Nach Arius spielte Jesus eine besondere Rolle in der Erschaffung und Erlösung der physischen Welt, aber er war nicht selber Gott. Es konnte nur einen Gott geben; daher mußte Christus irgendwann erschaffen worden sein, Christus mußte (wie alle Schöpfung) Veränderung und Sünde unterworfen sein und Christus konnte (wiederum wie alle Geschöpfe) keine wahre Kenntnis vom Geist Gottes haben.

Das Konzil von Nicäa, das erkannte, wie groß die Bedrohung war, die die Lehre des Arius für den christlichen Glauben darstellte und wie plausibel ihr dünner Anstrich von Logik sie erscheinen ließ, stellte die folgenden entscheidenden Aussagen gegen den Gedankengang des Arius auf:

1. Christus war *wahrer Gott vom wahren Gott*. Jesus selbst war Gott in demselben Sinne, in dem der Vater Gott war; jede Unterscheidung zwischen Vater und Sohn kann sich nur auf die jeweilige Aufgabe beziehen oder auf die Beziehung in der einer zum andern steht — aber Vater, Sohn und Geist sind alle wirklich Gott.

2. Christus war *eines Wesens mit dem Vater*. Das griechische Wort, das in diesem Ausdruck gebraucht wird, *homoousios (homo =* „gleich", *ousios =* „Wesen"), führte zu einer großen Kontroverse, aber es wurde einfach gewählt als Mittel, um so eindeutig wie möglich die Tatsache zu bekräftigen, daß Christus wirklich „wahrer Gott vom wahren Gott" war. Es versuchte, Jesu eigene Lehre zusammenzufassen: „Ich und der Vater sind eins" (Joh. 10,30).

3. Christus wurde *gezeugt, nicht geschaffen.* Das heißt, Christus wurde nicht zu irgend einem bestimmten Zeitpunkt erschaffen, sondern er war von Ewigkeit der Sohn Gottes.

4. Christus wurde Mensch *für uns Menschen und für unsere Rettung.* Das Wirken Christi war auf die Rettung der Menschen gerichtet, eine Rettung, die nicht hätte geschehen können, wäre Christus selbst nur ein Geschöpf gewesen. Grob gesagt, die Lehre der Bibel von der Sündhaftigkeit der Menschheit zeigt, daß die Schöpfung nicht in der Lage war, sich am eigenen Schopf in den Himmel zu ziehen. Die Rettung kommt von Gott.

Die Nicänische Bestätigung des Glaubens sah sich viel Opposition gegenüber. Viele Arianer weigerten sich, ihre Glaubensanschauungen aufzugeben, selbst als sie mit der klaren Feststellung der Wahrheit der Schrift durch das Glaubensbekenntnis konfrontiert wurden. Der Gebrauch von Wörtern, die sich nicht in der Bibel finden (wie *homoousios*) störte manche Christen ebenso wie die Tatsache, daß Wörter wie „Wesen" oft mehrdeutig verwendet wurden. Aber als Athanasius und einige andere Anti-Arianer deutlich machten, daß „ein Wesen" nicht die Trennung der Personen und des Wirkens von Vater, Sohn und Heiligem Geist leugnet, gewann das Glaubensbekenntnis allmählich Anerkennung.

Das Nicänische Glaubensbekenntnis ist auch heute noch ein Schutzwall vor jener Art theologischer Spekulation, die menschliche Weisheit über Gottes Offenbarung Jesu Christi stellt. Es steht als ein eindeutiges Destillat aus der Lehre der Schrift zur göttlichen Natur Christi, seiner Fleischwerdung als Mensch und das Werk der Rettung, das er für die Menschen vollbracht hat. Schließlich, wenn das Glaubensbekenntnis als ein Führer zu christlicher Hingabe oder christlicher Verkündigung gebraucht wird, kann es auch zu einem Mittel werden, durch das der Heilige Geist die Wahrheiten des christlichen Glaubens in die Realitäten des christlichen Lebens verwandelt.

Das Nicänische Glaubensbekenntnis

Wir glauben an den einen Gott, den Vater, den Allmächtigen, der alles geschaffen hat, Himmel und Erde, die sichtbare und die unsichtbare Welt.

Und an den einen Herrn Jesus Christus, Gottes eingeborenen

Sohn, aus dem Vater geboren vor aller Zeit: Gott von Gott, Licht vom Licht, wahrer Gott vom wahren Gott, gezeugt, nicht geschaffen, eines Wesens mit dem Vater; durch ihn ist alles geschaffen. Für uns Menschen und zu unserem Heil ist er vom Himmel gekommen, hat Fleisch angenommen durch den Heiligen Geist von der Jungfrau Maria und ist Mensch geworden. Er wurde für uns gekreuzigt unter Pontius Pilatus, hat gelitten und ist begraben worden, ist am dritten Tage auferstanden nach der Schrift und aufgefahren in den Himmel. Er sitzt zur Rechten des Vaters und wird wiederkommen in Herrlichkeit, zu richten die Lebenden und die Toten; seiner Herrschaft wird kein Ende sein.

Wir glauben an den Heiligen Geist, der Herr ist und lebendig macht, der aus dem Vater und dem Sohn hervorgeht, der mit dem Vater und dem Sohn angebetet und verherrlicht wird, der gesprochen hat durch die Propheten, und die eine, heilige, allgemeine und apostolische Kirche. Wir bekennen die eine Taufe zur Vergebung der Sünden. Wir erwarten die Auferstehung der Toten und das Leben der kommenden Welt. Amen.

Der letzte Abschnitt wurde im Jahre 381 n.Chr. angefügt.[10]

Ein Artikel „Göttlichkeit Christi" in der *Zondervan Pictorial Encyclopedia of the Bible* stellt fest:

Der klarste und vollste Ausdruck der Göttlichkeit Christi findet sich im Nicänischen Glaubensbekenntnis, das ursprünglich auf dem Konzil von Nicäa, 325 n.Chr., eingeführt wurde. in dem *English Book of Common Prayer* erscheint die Übersetzung wie folgt: „...einen Herrn Jesus Christus, Gottes eingeborenen Sohn, Licht vom Licht, wahrer Gott vom wahren Gott, gezeugt, nicht geschaffen." Im weiteren wird in dieser Erklärung jede nur mögliche Anstrengung unternommen, um deutlich zu machen, daß Christus „wahrer Gott vom wahren Gott" ist. Eng verbunden mit dem Wort „Gottheit" ist das allgemeinere Wort „Göttlichkeit". Gottheit ist das stärkere Wort, das absolute. Man kann behaupten, daß es in jedem Menschen einen „Funken Göttlichkeit" gibt; nicht so mit dem Wort „Gottheit".

Nur eine Person hat jemals einen solchen Anspruch für sich erhoben — Jesus Christus. Sein Anspruch enthält die Vorstellung, daß, was er lehrt, Gott selbst lehrt, was er getan hat, nur Gott tun konnte, und daß in seiner ganzen Persönlichkeit ein absolutes Einssein mit Gott besteht. Was er auch immer von sich erklärt, erklärt er von Gott. Jeder, der von sich behauptet, was Jesus Christus von sich behauptet, muß entweder verrückt oder verdreht sein, oder seine Behauptungen müssen wahr sein. Da erstere Möglichkeiten im Licht anderer verfügbarer Zeugnisse einfach nicht zutreffen können, ist man gezwungen, das letztere als feststehend anzunehmen. Jesus Christus ist, was zu sein er behauptet: „Wahrer Gott vom wahren Gott."[11]

Später, im Jahre 451, wurde das Konzil von Chalcedon einberufen. Dort wurde die biblische Lehre von Jesus Christus als einer göttlichen Person mit zwei Naturen für die Kirche formell festgeschrieben. Es ist wichtig, sich zu vergegenwärtigen, daß diese Zusammenkünfte von Gläubigen nicht einberufen wurden, um neu aufgetauchte theologische Positionen zu sanktionieren. Vielmehr wurden sie einberufen, um denen zu begegnen, die sich der bereits als wahr erkannten, orthodoxen biblischen Position entgegenstellten.

Man muß weiter daran erinnern, daß es in diesen frühen Tagen, als die Kirche sich ausdehnte, keine elektronischen Medien oder Transportsysteme des Düsenzeitalters gab, um Informationen zu verbreiten und eine korrekte Lehre sicherzustellen. Die Menschen waren auf die Weitergabe von Informationen durch Männer und Frauen Gottes angewiesen, die das Wort richtung und wirkungsvoll verbreiteten. Die Kirchenkonzile dienten als Grundlage für diesen Prozeß, gefördert durch die Anwesenheit von Vertretern aller größeren Konzentrationen von Christen in der römischen Welt.

So legt nicht nur die Schrift Zeugnis ab von der Göttlichkeit Christi, sondern auch die Kirchengeschichte.

Kapitel 7

Welches sind die üblichen Einwände gegen die Göttlichkeit Christi?

Die Menschen haben heute eine Anzahl von üblichen Einwänden oder intellektuelle Schwierigkeiten mit der Frage nach der Göttlichkeit Christi. Dieses Kapitel nimmt kurz zu einigen davon Stellung, besonders solchen von Menschen, die mit biblischen Erklärungen und Ausdrucksweisen gut vertraut sind.

„Der Vater ist größer als ich"

„Jesus sagte: ...der Vater ist größer als ich" (Joh. 14,28). „Das zeigt doch sicherlich, daß die Stellung Christi irgendwie niedriger ist, als die Gottes" ist eine Schwierigkeit, die gewöhnlich auftaucht.

Es ist wahr, daß Jesus in seiner Rolle als Knecht, solange er auf der Erde war, einen niedrigeren Rang einnahm, als der Vater. Ein solcher Rang hebt jedoch nicht seine göttliche Natur auf. Im selben Abschnitt sagte Jesus zu Philippus: „Wer mich gesehen hat, hat den Vater gesehen. Wie kannst du sagen: Zeig uns den Vater?" (Joh. 14,8.9). Diese Erklärung macht deutlich, daß Jesus und der Vater in ihrer Natur eins sind. Den einen gesehen zu haben, hieß, den anderen gesehen zu haben (vgl. Joh. 12,44.45). Daher bezogen sich die Worte Jesu, der Vater sei größer, auf seine vorübergehende *Position,* nicht auf sein *Wesen.*

Hier wollen wir ausführlich aus Arthur W. Pinks hervorragendem Werk über diese Passage in seiner *Exposition of the Gospel of John* (Auslegung des Johannesevangeliums) zitieren:

„Mein Vater ist größer als ich." Das ist der Lieblingsvers der Unitarier, die die absolute Göttlichkeit Christi und seine vollkommene Gleichheit mit dem Vater leugnen. ... Der Erlöser hat den Aposteln gerade gesagt, sie sollen sich freuen, weil er zum Vater geht und dann fährt er fort: *„Denn* der Vater ist größer als ich." Wenn wir uns dies deutlich vor Augen halten, verschwinden alle Schwierigkeiten. Daß der Vater größer war als Christus, war der Grund, der angegeben wurde, *warum* die Jünger sich freuen sollten, daß ihr Meister zum Vater ging. Das legt sofort die Bedeutung des umstrittenen „größer" fest und zeigt uns den Sinn, in dem es hier gebraucht wurde. Der Gegensatz, den der Erlöser hier zwischen dem Vater und sich selbst aufstellte, betraf *nicht* die *Natur,* sondern den offiziellen Charakter und die Stellung.

Christus sprach nicht von sich in seinem Grundwesen. Der Eine, der es nicht als Raub empfand, „Gott *gleich"* zu sein, hatte Knechtsgestalt angenommen und nicht nur das, er war den Menschen gleich geworden. In diesem Sinne, nämlich in seinem offiziellen Status (als Mittler) und in seiner Annahme der menschlichen Natur, stand er unter dem Vater. In dieser ganzen Rede und in dem Gebet, das in Kapitel 17 folgt, wird der Herr Jesus als Diener des Vaters dargestellt, von dem er einen Auftrag erhalten hatte und dem er Rechenschaft ablegen mußte; für dessen Ruhm er handelte und unter dessen Autorität er sprach. Aber es gibt noch einen anderen, angemesseneren Sinn, in dem der Sohn unter dem Vater stand. Als er Fleisch wurde und unter den Menschen wohnte, hatte er sich tief gedemütigt, indem er beschloß, Schmach und Leid in ihrer schlimmsten Form auf sich zu nehmen. Er war nun der Menschensohn und wußte nicht, wo er sein Haupt betten sollte. Er, der reich war, wurde für unser Heil arm. Er war der Schmerzensmann und kannte das Leid. Angesichts dessen stellte Christus nun seine *Situation* in Gegensatz zu der des Vaters im himmlischen Heiligtum. Der Vater saß auf dem Thron der höchsten Majestät; der Glanz seiner Herrlichkeit war ungebrochen; er war umgeben von Scharen heiliger Wesen, die ihn ununterbrochen anbeteten. Ganz anders war es mit seinem fleischgewordenen Sohn — ver-

achtet und verschmäht von den Menschen, umgeben von unerbitt-
lichen Feinden, bald an das Verbrecherkreuz genagelt. Auch in
diesem Sinne stand er unter dem Vater. Wenn er nun zum Vater
ging, würde der Sohn eine beträchtliche Verbesserung seiner Situation
erfahren. Es würde eine unaussprechliche Steigerung sein. Der
Gegensatz würde dann zwischen seinem gegenwärtigen Zustand der
Demütigung und seinem künftigen Zustand der Erhöhung zum Vater
bestehen! Daher hätten diejenigen, die ihn wirklich liebten, sich freuen
sollen über die Aussicht, daß er zum Vater gehen *würde,* weil der
Vater größer war als er, größer sowohl im offiziellen Status, als auch
in den umgebenden Verhältnissen. So *bekannte* sich Christus zu seiner Stellung als Knecht und *verherrlichte* den, der ihn gesandt hatte.[1]

Gott der Vater ist das „Haupt" Christi

Dieselbe Beziehung von größer und kleiner wird in 1.
Korinther 11,3 illustriert: „Ihr sollt aber wissen, daß Christus
das Haupt des Mannes ist, der Mann das Haupt der Frau
und Gott das Haupt Christi." In dieser Passage werden drei
Vergleiche aufgestellt: Mann zu Christus, Mann zu Frau und
Christus zu Gott. Der dritte Vergleich zwischen Jesus und
Gott ist der, um den es hier geht. „Gott ist das Haupt
Christi. Klingt das nicht nach Überordnung?" Beachten Sie,
daß dieser Vergleich mit Autoritätsmustern zu tun hat; er
beinhaltet keine Unter- oder Überordnung. Vielmehr stellte
sich Jesus, solange er auf der Erde war, freiwillig unter die
Führung des Vaters, um sich mit der Menschheit zu identifi-
zieren.

Jesus war dem Vater unterworfen

Ein weiterer Vers, der die Beziehung Christi zum Vater zeigt,
wirft Fragen auf. „Wenn ihm (Jesus) dann alles unterworfen

ist, wird auch er, der Sohn, sich dem unterwerfen, der ihm alles unterworfen hat, damit Gott herrscht über alles und in allem" (1. Kor. 15,28). Hier bedeutet das Verb *unterwerfen* wiederum nicht eine *Ungleichheit* der Personen, sondern vielmehr einen *Unterschied* in den Rollen. Unterwerfung bezieht sich allein auf die Funktion und sich unterwerfen bedeutet nicht notwendigerweise Unterordnung.

Denken Sie daran. Damit Gott die Sünden der Menschen versühnen konnte, mußte jemand sich dem Tod unterwerfen. Das konnte jedoch nur einer tun, der die unbegrenzte Fähigkeit besaß, die Sünden zu versühnen, nur ein vollkommener Mensch. Er mußte die unbegrenzte Fähigkeit zur Sühne besitzen, weil er sein Blut für die gesamte Menschheit vergießen würde. Er mußte vollkommen sein, weil Gott nur makellose Opfer annimmt. Wer konnte das tun? Nur Gott. Und Gott der Sohn hat sein Blut für uns vergossen (Apg. 20,28). *Gehorsam* ist ein Schlüsselwort.

> Wie es also durch die Übertretung eines einzigen für alle Menschen zur Verurteilung kam, so wird es auch durch die gerechte Tat eines einzigen für alle Menschen zur Gerechtsprechung kommen, die Leben gibt. Wie durch den Ungehorsam des einen Menschen die vielen zu Sündern wurden, so werden auch durch den Gehorsam des einen die vielen zu Gerechten gemacht werden (Röm. 5,18.19).

Als vollkommener Mensch mußte Christus Gott gehorsam sein und so Gottes Plan zur Erlösung der Menschheit erfüllen. Jesus unterwarf sich freiwillig diesem Plan, Gott dem Vater, um die Menschheit vor der ewigen Trennung von Gott zu retten.

Jesus wurde „gezeugt"

Manche Leute halten daran fest, daß der Ausdruck „einziger Sohn" in Johannes 3,16 (auch 1,14.18; 3,18) gegen die Göttlichkeit Jesu spreche und beinhalte, daß er nur ein Geschöpf sei. Der Ausdruck „einzig gezeugt" bedeutet jedoch nicht geschaffen. Das Wort *gezeugt,* wie es im Johannesevangelium gebraucht wird, bedeutet „einzigartig, besonders gesegnet oder geehrt."[2]

C. S. Lewis illustriert die Bedeutung von „gezeugt" deutlich, wenn er schreibt:

Im Glaubensbekenntnis heißt es: Christus ist Gottes Sohn, „gezeugt, nicht geschaffen", ferner: „geboren aus seinem Vater vor aller Zeit". An dieser Stelle sollte man sich von vornherein klar darüber sein: Dies hat nichts mit der Tatsache zu tun, daß Christus bei seiner Geburt in Bethlehem als Sohn einer Jungfrau geboren wurde. Es geht hier nicht um die Unbefleckte Empfängnis. Es geht um etwas, das sich vor der Erschaffung der Welt und vor Beginn der Zeit ereignet hat. „Vor der Zeit ist Christus gezeugt, nicht geschaffen." Was bedeutet das?

„Zeugen" heißt, Vater eines Lebewesens zu werden; „schaffen oder erschaffen" heißt „machen". Das ist der Unterschied: Der Zeugende erzeugt ein Wesen seiner eigenen Art; ein Mensch zeugt Menschen, ein Biber kleine Biber, ein Vogel Eier, aus denen kleine Vögel schlüpfen. Wer dagegen etwas macht, bringt etwas hervor, was sich von seiner eigenen Art unterscheidet. Der Vogel macht oder baut ein Nest, der Biber Dämme, der Mensch ein Rundfunkgerät. Oder er stellt unter Umständen etwas her, was ihm ähnlicher ist, als ein Rundfunkgerät, etwa eine Statue. Wenn er ein geschickter Holzschnitzer ist, schnitzt er vielleicht eine Figur, die wirklich große Ähnlichkeit mit einem Menschen hat. Aber sie ist natürlich kein Mensch, sie sieht nur so aus. Die Plastik kann weder atmen oder denken noch ist sie lebendig.

Das muß man sich klar machen. Was Gott zeugt, ist Gott; wie Mensch ist, was der Mensch zeugt. Was Gott erschafft, ist nicht Gott, wie das von Menschenhand Geschaffene nicht Mensch ist. Daher sind Menschen nicht Kinder Gottes in dem Sinn, wie Christus Gottes Sohn ist. Sie mögen in gewisser Hinsicht Gott ähnlich sein, aber sie sind nicht Wesen von derselben Art. Sie sind eher Skulpturen oder Bilder von Gott.

Eine Skulptur hat menschliche Gestalt, aber kein Leben; mit dem verglichen hat der Mensch zwar Gestalt und Gleichnis von Gott, aber sein Leben ist nicht von der Art Gottes. Wir wollen uns zuerst mit der Gottähnlichkeit des Menschen beschäftigen. Alles, was Gott erschaffen hat, besitzt eine gewisse Ähnlichkeit mit ihm: Der Weltraum gleicht ihm in seiner Größe; nicht als ob die Größe des Raums mit der Gottes identisch wäre, aber sie ist gewissermaßen ein Symbol oder eine Übersetzung Gottes in nicht-geistige Dimensionen. Materie ist Gott ähnlich, weil sie Kraft besitzt, wenngleich natürlich physische Kraft von der Macht Gottes verschieden ist. Die pflanzliche Welt ist Gott ähnlich, weil sie Leben hat und er „der lebendige Gott" ist. Aber Leben in diesem biologischen Sinn ist nicht mit dem Leben, das in Gott ist, gleichzusetzen. Es ist nur ein Symbol oder ein Schatten davon. In der animalischen Welt finden sich — über die botanische Welt hinaus — weitere Merkmale einer Ähnlichkeit. Die intensive Tätigkeit und Fruchtbarkeit der Insektenwelt beispielsweise gibt uns eine erste schwache Ahnung von der unablässigen Tätigkeit und Schöpferkraft Gottes. Bei den höheren Säugetieren finden sich dann erste Ansätze einer instinktiven Zuneigung. Sie ist der Liebe ähnlich, die in Gott lebt. Und kommen wir zum Menschen, dem höchstentwickelten Lebewesen, so finden wir die vollkommenste Gottähnlichkeit, von der wir wissen. (Auf anderen Welten mögen Wesen existieren, die Gott noch ähnlicher sind, aber davon wissen wir nichts.) Der Mensch lebt nicht nur, sondern er liebt und denkt; in ihm erreicht das biologische Leben die höchste uns bekannte Stufe.[3]

In Hebräer 11,17 wird Isaak als „einziger Sohn" Abrahams bezeichnet, obwohl Abraham zwei Söhne hatte, Isaak und Ismael. So verwendet der Schreiber des Hebräerbriefes „gezeugt" in dem Sinne von „einzigartig, besonders gesegnet oder geehrt". Dasselbe trifft in Johannes 3,16 auf Jesus zu (der einzige Unterschied besteht darin, daß Gott einen Sohn hatte und Abraham zwei).

Monogenes, das Wort, das mit „einzig (gezeugt)" übersetzt wird, ist aus zwei Wörtern zusammengesetzt. *Monos* bedeutet „einzeln, allein, einzig, einsam". *Genes* bedeutet „Nachkomme, Kind, Rasse, Art, Sorte, Spezies". Es ist ein zusammengesetztes Wort; es bedeutet einzig in seiner Art.

Jesus war ein Mensch

Ein möglicher Stolperstein, der manche daran hindern könnte, die Göttlichkeit Christi zu akzeptieren, ist, daß von Jesus in der Bibel klar gesagt wird, er sei ein Mensch gewesen. Zum Beispiel liest man: „Denn: Einer ist Gott, Einer auch Mittler zwischen Gott und den Menschen: der Mensch Christus Jesus" (1. Tim. 2,5). Römer 5,12-21 spricht davon, daß die Sünde durch den „Menschen Jesus Christus" (Vers 15) gesühnt wurde.

Obwohl es wahr ist, daß die Schrift lehrt, Jesus sei ein Mensch gewesen, lehrt sie auch, daß er göttlich war. Er war ein Mensch, geboren von der Jungfrau Maria, aber er war auch Gott (Joh. 1,1.14; 20.28; Kol. 2,9; Tit. 2,13; 2. Petr. 1,1; Hebr. 1,8). Paulus betonte die Göttlichkeit Jesu, indem er sagte, seine Botschaft komme nicht von Menschen oder durch einen „Menschen", sondern durch „Jesus Christus" (Gal. 1,1). Jesus war ein „Mensch", aber auch „Jahwe", „Sohn Gottes", „Herr der Herren", „König der Könige" und „das Alpha und das Omega".

Jesus wird Erstgeborener der Schöpfung genannt

Einige Leute geraten in Verwirrung über das Wort *Erstgeborener*, weil sie glauben, er müßte „Erstgeschaffener" bedeuten. Das würde heißen, daß Jesus nur ein Geschöpf war, nicht präexistent, nicht ewig oder Gott.

„Erstgeborener" bedeutet jedoch nicht „Erstgeschaffener". Als Paulus erklärte, Christus sei „der Erstgeborene der ganzen Schöpfung" (Kol. 1,15), verwendete er das griechische Wort *prototokos,* was bedeutet „Erbe, Erster im Rang". Hätte er sagen wollen *Erstgeschaffener,* dann hätte er das griechische Wort für Erstgeschaffener, *protoktistos,* gebraucht. Nirgends in der Schrift steht, daß Gott Jesus „schuf".

In seiner *Theologie zur Person Christi* erklärt Lewis Sperry Chafer: „Dieser Titel — manchmal mit *Erstgeborener* übersetzt — zeigt, daß Christus der Erstgeborene, der Ältere in Beziehung zur ganzen Schöpfung ist; nicht das erste erschaffene Ding, sondern vor allen Dingen ebenso wie ihr Anlaß (Kol. 1,16)."[4] Jesus konnte nicht das erste Geschöpf und gleichzeitig die Ursache sein, durch die alle Schöpfung ins Sein kam, wie die Schrift von ihm behauptet. Wenn er die Ursache der *ganzen* Schöpfung war, dann konnte er selbst nicht erschaffen sein.

Jesus und Gott waren „eins in Übereinstimmung"

Jesus sagte: „...Ich gebe ihnen ewiges Leben. Sei werden niemals zugrunde gehen, und niemand wird sie meiner Hand entreißen. Mein Vater, der sie mir gab, ist größer als alle, und niemand kann sie der Hand meines Vaters entreißen. Ich und der Vater sind eins" (Joh. 10,28-30). Behauptet Jesus, ein und derselbe zu sein wie Gott (d.h. wie Eis und Wasser ihrer Natur nach „eins" sind); oder behauptete er nur, eine Einigkeit, Einheit der Absicht oder Übereinstimmung mit Gott zu haben? Der Text weist auf das Erstere.

Erstens, die Juden, zu denen er sprach — die kulturell in einer Position waren, seine Worte besser zu interpretieren als irgend jemand 2000 Jahre später — verstanden, daß Jesus sagte, er sei „Gott". Sie hoben Steine auf, um ihn zu steinigen „...wegen Gotteslästerung; denn du bist nur ein Mensch und machst dich selbst zu Gott" (Joh. 10,33). Zweitens, im griechischen Text ist das Wort *eins* Neutrum *(hen)*, nicht Maskulinum *(heis)*, was zeigt, daß Jesus und Gott im Wesen ein und dasselbe waren. Die maskuline Form würde bedeuten, sie seien eine Person, was die *persönliche* Unterscheidung zwischen dem Vater und dem Sohn leugnen würde.

Der folgende Abschnitt aus Johannes ist die Erwiderung Jesu auf den Vorwurf der Gotteslästerung. Für einen Juden, der sich im Gesetz auskannte, ergaben seine Worte Sinn. Für jeden, der mit dem jüdischen Verständnis des Alten Testaments nicht vertraut ist, kann es eine schwierige, leicht mißverständliche Passage sein, besonders wo sie sich auf die Frage der Göttlichkeit Christi bezieht. Der Abschnitt lautet:

> Jesus erwiderte ihnen: Heißt es nicht in eurem Gesetz: Ich habe gesagt: Ihr seid Götter? Wenn er jene Menschen Götter genannt hat, an die das Wort Gottes ergangen ist, und wenn die Schrift nicht aufgehoben werden kann, dürft ihr dann von dem, den der Vater geheiligt und in die Welt gesandt hat, sagen: Du lästerst Gott — weil ich gesagt habe: Ich bin Gottes Sohn? Wenn ich nicht die Werke meines Vaters vollbringe, dann glaubt mir nicht. Aber wenn ich sie vollbringe, dann glaubt wenigstens den Werken, wenn ihr mir nicht glaubt. Dann werdet ihr erkennen und einsehen, daß in mir der Vater ist und ich im Vater bin. Wieder wollten sie ihn festnehmen; er aber entzog sich ihrem Zugriff (Joh. 10,34-39).

Ein großer Teil der Verwirrung hängt mit dem Gebrauch des Wortes *Götter* (Vers 34) durch Jesus zusammen. Sagte er: „Andere Männer sind ‚Götter‘ genannt worden. Warum kann ich mich selbst nicht ‚Sohn Gottes‘ nennen?“ (und bezeichnete sich selbst damit als Mensch, nicht göttlich)?

Der Satz „Ich habe gesagt: Ihr seid Götter“ findet sich in Psalm 82,6. Das Wort *Götter,* das im Psalm verwendet wird, ist das hebräische Wort *elohim (eloah = „Gott“, im =* Pluralendung = „Götter“). Die Tatsache, daß von Gott im Alten Testament oft als *Elohim* gesprochen wird, bedeutet nicht, daß die Bibel eine Form von Polytheismus (Vielgötterei) lehrt. Das gesamte Alte Testament hindurch wird, zusammen mit Elohim, immer die *Singularform des Verbs* gebraucht, wenn von Gott die Rede ist. („Im Anfang schuf (Singular) Gott (Plural: *Elohim)* den Himmel und die Erde“ — 1. Mose 1,1). Wenn irgend etwas, dann stimmt die Sprache der Bibel mit der Lehre der Dreifaltigkeit überein, genau wie in Matthäus 28,19 das Nomen *Name* (singular im Griechischen) gebraucht wird, um „den Vater, den Sohn und den Heiligen Geist“ zu bezeichnen. Sie umfassen einen ‚Namen“. Der Ausdruck „Götter“ *(elohim)* in Psalm 82 bezieht sich auf die jüdischen „Richter“, Männer, die im Interesse des Volkes als „Gott“ (oder „Götter“) handelten, „Gott“ im Sinne von gerecht und unparteiisch sein, usw. Selbstverständlich waren sie nicht im wörtlichen Sinne „Gott“. 2. Mose 21,1-6 und 22,9.28 verwenden denselben Ausdruck; das Wort, das in unserer deutschen Bibel mit „Richter“ übersetzt wird, ist tatsächlich *elohim.*

Das war der alttestamentliche Kontext, auf den Jesus anspielte. Warum? Anscheinend fragte Jesus sie, warum sie sich über den Gebrauch des Ausdrucks „Sohn Gottes“ so aufregten. Sie waren ihm schon früher begegnet (d.h., daß Männer in Psalm 82 als „Götter“ bezeichnet wurden). Womit sie konfrontiert wurden, war dies: „Macht nicht bei dem

Gebrauch des Ausdrucks halt. Seht mich an. Seht meine Werke an. Sind sie von Gott? Wenn sie es sind, glaubt, was ich sage, einschließlich der Namen, die ich mir gebe."

Selbstverständlich leugnete Jesus nicht seinen früheren Anspruch auf Göttlichkeit. Er gab eine kühne Erklärung ab und forderte die Juden heraus zu entscheiden, ob seine Werke seinen Behauptungen Glaubwürdigkeit verliehen („Ich und der Vater sind eins").

Das Argument führt vom Kleineren zum Größeren. Wenn Gott Männer bildlich als „Götter" bezeichnete, wieviel angemessener ist es dann für den einen, den „der Vater geheiligt und in die Welt gesandt hat" (was sicherlich auf die Richter des Alten Testaments nicht zutraf), sich selbst Sohn Gottes zu nennen. Er vollbrachte tatsächlich die Werke des Vaters: weckte die Toten auf, verlieh ewiges Leben, erhielt die Schöpfung, änderte die Schöpfung (indem er Wasser zu Wein verwandelte, Stürme beruhigte usw.).

Jesus hatte begrenztes Wissen

Als ein menschliches Wesen hatte Jesus begrenztes Wissen. Im Hinblick auf sein zweites Kommen sagte er: „Doch jenen Tag und jene Stunde kennt niemand, auch nicht die Engel im Himmel, nicht einmal der Sohn, sondern nur der Vater" (Mark. 13,32). Wie schon gesagt, beschloß Jesus in seiner Rolle als „Knecht", ein Leben unter menschlichen Bedingungen zu führen, solange er auf der Erde war, im Vertrauen auf die Macht seines Vaters, nicht seine eigene. Zum Beispiel sagte er: „…der Sohn kann nichts von sich aus tun" (Joh. 5,19). „Von mir selbst aus kann ich nichts tun" (Joh. 5,30). „…weil ich immer das tue, was ihm gefällt" (Joh. 8,29). „Der Vater, der in mir bleibt, vollbringt seine Werke" (Joh. 14,10).

Wenn also Jesus, in menschlicher Gestalt, sagte, er kenne die Stunde seiner Rückkehr nicht, dann konnte das durch seine selbstauferlegten Grenzen als Knecht geschehen. Nicht, daß er Gott nicht gleich war, sondern vielmehr hatte er in diesem Augenblick beschlossen, nicht all seine göttlichen Vorrechte auszuüben.

„Niemand ist gut außer Gott"

Einmal näherte sich ein Mann Jesus und sagte: „Guter Meister..." Jesus unterbrach ihn: „Warum nennst du mich gut? Niemand ist gut außer Gott, dem Einen" (Mark. 10,17.18). Auf den ersten Blick mag es scheinen, daß Jesus seine Göttlichkeit leugnete. Das tat er nicht. Vielmehr unterstrich er, daß Gott allein gut ist. Die Schrift ist eindeutig. Jesus war „sündenfrei", „heilig", „unschuldig", „gerecht", „abgesondert von den Sündern" und „makellos" (Apg. 3,14; 2. Kor. 5,21; Hebr. 4,15; 7,26; 1. Petr. 2,22; 1. Joh. 3,5). Nach allen Maßstäben des Guten war Jesus wahrhaft „gut". So teilte Jesus eine Eigenschaft Gottes: Gutsein.

Ein möglicher Grund für die Erwiderung Jesu auf die Aussage des Mannes war, die Tiefe von dessen Bewußtsein dafür abzumessen, wer er war und wie ernst seine Absicht war, ihm zu folgen. Nachdem Jesus dem Mann gesagt hatte, es sei niemand gut außer Gott, forderte er ihn auf, seinen gesamten Besitz zu verkaufen und ihm als Jünger zu folgen. Beachte, daß er nicht sagte: „Folge Gott", sondern „Folge mir". Entgegen dem ersten Eindruck ist diese Passage eine starke Bekräftigung für die Göttlichkeit Christi.

Im Endeffekt stammen fast alle Argumente, die verwendet werden, um zu leugnen, daß Jesus Gott ist, aus einem

Mißverständnis von Philipper 2,6-11, wo es heißt, daß Jesus zwei Naturen besaß, die menschliche und die göttliche. Jesus „existierte" in zwei „Formen", als Gott (Vers 6) und als ein Mensch („Sklave", Vers 7). Der Text lehrt, daß sein erster Zustand eine Position der „Gleichheit" mit Gott war, der zweite ein „gedemütigter" Zustand. Fast alle Verse, die verwendet werden, um zu argumentieren, daß Jesus dem Vater nicht gleich und daher nicht eins mit Gott war, vergleichen Jesus in seinem gedemütigten Zustand als Mensch mit der erhöhten Position Gottes im Himmel. Dabei wird die Tatsache übersehen, daß Jesus seine erhöhte Position der Gleichheit mit Gott dem Vater verlassen hat, um Mensch zu werden, für die Sünden der Welt zu sterben, aufzuerstehen und wieder erhöht zu werden.

Kapitel 8

Ist Jesus Christus Ihr Herr?

Nachdem man die Zeugnisse geprüft hat, muß man an irgendeinem Punkt entscheiden, ob man an die Göttlichkeit Christi glauben wird oder nicht. Daß Jesus lebte, starb, begraben wurde und wieder auferstand, würden die meisten Leute, die sich Christen nennen, bestätigen. Doch Jesus sagte: „...wenn ihr nicht glaubt, daß *ich es bin (ego eimi)*, werdet ihr in euren Sünden sterben" (Joh. 8,24). Paulus schreibt: „...denn wenn du mit dem Mund bekennst: ,*Jesus ist der Herr*' und in deinem Herzen glaubst: ,Gott hat ihn von den Toten auferweckt', so wirst du gerettet werden" (Röm. 10,9). Wenn Christus göttlich ist und wenn der Glaube an seine Göttlichkeit für die Erlösung notwendig ist, steht viel auf dem Spiel.

C. S. Lewis stellte die Frage nach der Göttlichkeit Christi in den Vordergrund, als er an einen skeptischen Freund, Arthur Greeves, schrieb:

Ich denke, die große Schwierigkeit ist die: Wenn er *nicht* Gott war, wer oder was war er? In Matthäus 28,19 findest du schon die Taufformel „Im Namen des Vaters und des Sohnes und des Heiligen Geistes". Wer ist dieser „Sohn"? Ist der Heilige Geist ein Mensch? Wenn nicht, „sendet" ihn ein Mensch (vgl. Joh. 15,26)? In Kolosser 1,17 ist Christus „vor aller Schöpfung und alles hat in ihm Bestand." Was für eine Art Mensch ist das? Ich lasse die augenfällige Stelle am Anfang des Johannesevangeliums aus. Nimm etwas weniger Augenfälliges. Als er um Jerusalem weint (Matth. 23), warum sagt er da plötzlich (Vers 34): „*Ich* sende Propheten, Weise und Schriftgelehrte zu euch"? *Wer* konnte dies sagen, außer Gott oder einem Wahnsinnigen? Wer ist dieser Mann, der herumgeht und Sünden vergibt? Oder was ist mit Markus 2,18-19? Welcher Mensch kann ankündigen, daß einfach durch seine Anwesenheit Bußhandlungen, wie das Fasten, „abgeschafft" sind? Wer kann der Schule einen halben Tag freigeben, außer dem Rektor?

Die Lehre von der Göttlichkeit Christi scheint mir nichts Angeheftetes zu sein, das du wieder ablösen kannst, sondern etwas, das überall hervorschaut, so daß du das ganze Gewebe auflösen müßtest, um es loszuwerden. Natürlich kannst du einige dieser Passagen als nicht authentisch zurückweisen, aber dann könnte ich auch dasselbe mit deinen tun, wenn ich mich auf das Spiel einlassen wollte! Wenn es heißt, Gott kann nicht versucht werden, nehme ich das als eine selbstverständliche Wahrheit. Gott als Gott kann es nicht, ebensowenig wie er sterben kann. Er wurde Mensch, um genau das zu tun und zu erleiden, was er als Gott nicht tun und erleiden konnte. Und wenn du die Göttlichkeit Christi fortnimmst, was ist dann das Christentum *überhaupt?* Wie kann der Tod eines Menschen für alle Menschen diese Wirkung haben, wie sie im gesamten Neuen Testament verkündet wird?[1]

Das ist genau der Punkt — kein Mensch könnte eine besondere Wirkung für die gesamte Menschheit haben. Nur Gott der Sohn konnte für das ganze Menschengeschlecht sühnen. Kein Ersatz würde genügen.

Unsere Erlösung, der entscheidende Punkt, auf dem das ganze Christentum beruht, hängt davon ab, daß Christus nicht nur ein Mensch, sondern auch Gott war. Unser Passahlamm — Jesus Christus gefoltert, gekreuzigt, tot und begraben — mußte ein Schaf aus der Herde sein. Gott könnte kaum einer unserer Brüder sein, doch sein Sohn konnte es.

Viele, die die Göttlichkeit Christi leugnen, beharren darauf, daß Dinge wie die Dreifaltigkeit oder die beiden Naturen Christi „unmöglich" seien oder „unvernünftig". Sie sagen, „Gott hätte nie an ein Kreuz genagelt werden können; Gott ist Geist" oder „Gott würde sich nicht selbst zum Opfer bringen" oder „Gott kann nicht geboren werden". Diese Behauptungen ignorieren die Tatsache der Fleischwerdung, daß es der Sohn war, der sich dem Vater geopfert hat, daß bei Gott alle Dinge möglich sind.

Wir sollten unsere Auffassungen von dem, was „vernünftig" oder „möglich" ist, nicht über die Offenbarung Gottes zu Gericht sitzen lassen. Die Frage ist, was Gott gesagt hat, nicht, ob wir es voll verstehen können.

Wenn wir die Erzählungen der Evangelien lesen, sehen wir, daß Jesus unter den Menschen seiner Zeit im wesentlichen drei Reaktionen hervorrief: Haß, Furcht oder Anbetung. Wenn sie seine Behauptungen verstanden hatten, konnten die Menschen nicht neutral bleiben. Jesus ließ jedem nur die Wahl, ihn entweder zu akzeptieren oder zurückzuweisen.

Petrus, der Jesus dreimal verleugnet hatte, starb schließlich den Märtyrertod für seine Überzeugung, daß Jesus der Christus in menschlichem Fleisch war. Als Christus Petrus fragte, für wen er ihn halte, bekannte Petrus: „Du bist der Messias, der Sohn des lebendigen Gottes" (Matth. 16,16). Jesus antwortete auf Petrus' Bekenntnis, nicht indem er seine Überzeugung korrigierte, sondern indem er ihre Gültigkeit und Quelle anerkannte: „Selig bist du, Simon Barjona, denn nicht Fleisch und Blut haben dir das offenbart, sondern mein Vater im Himmel" (Matth. 16,17).

Thomas wird oft als Zweifler bezeichnet, weil er die Auferstehung Christi in Frage stellte. Schließlich, nach überwältigendem Zeugnis durch Christus selbst nach der Auferstehung, rief Thomas in Bekenntnis und Anbetung aus: „Mein Herr und mein Gott!" (Joh. 20,28).

Seit damals haben viele Menschen durch die Jahrhunderte einen ähnlichen Kampf erlebt, wenn sie mit der Frage

Jesu konfrontiert wurden: „Ihr aber, für wen haltet ihr mich?" Wir stehen vor einem Trilemma, das auf der folgenden Seite in einem Diagramm dargestellt ist.

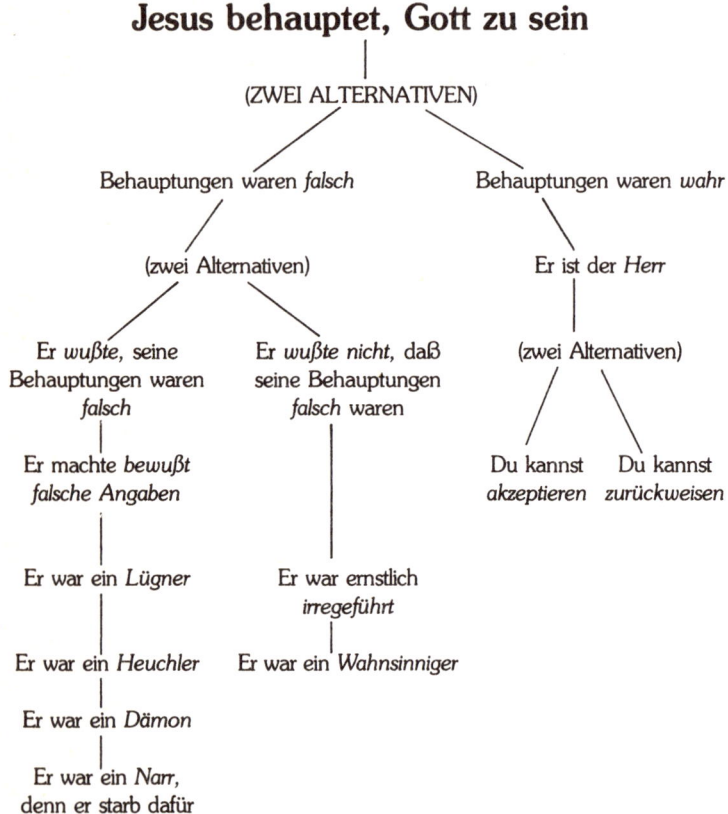

Jesus behauptet, Gott zu sein

(ZWEI ALTERNATIVEN)

Behauptungen waren *falsch*

Behauptungen waren *wahr*

(zwei Alternativen)

Er ist der *Herr*

Er *wußte*, seine Behauptungen waren *falsch*

Er *wußte nicht*, daß seine Behauptungen *falsch* waren

(zwei Alternativen)

Er machte *bewußt* falsche Angaben

Du kannst *akzeptieren*   Du kannst *zurückweisen*

Er war ein *Lügner*

Er war ernstlich *irregeführt*

Er war ein *Heuchler*

Er war ein *Wahnsinniger*

Er war ein *Dämon*

Er war ein *Narr*, denn er starb dafür

Für weitere Erläuterungen zu obigem Diagramm vgl. *Evidence That Demands A Verdict* (Kapitel 7) und *More Than a Carpenter* (Kapitel 2). Für weitere historische Zeugnisse, die die Göttlichkeit Christi belegen, lesen Sie *Die Tatsache der Auferstehung*.

Wie steht es mit Ihnen? Was denken Sie von Christus? Haben Sie eine bloße Religion oder haben Sie eine persönliche Beziehung mit dem lebendigen Gott durch seinen Sohn Jesus Christus? Für diejenigen, die bereit sind, eine Entscheidung zu treffen, gibt es reichlich Beweise, um den Glauben an die Göttlichkeit Christi zu stützen. Nachdem Thomas Jesus zugerufen hatte: „Mein Herr und mein Gott!" erwiderte Jesus: „Weil du mich gesehen hast, glaubst du. Selig sind, die nicht sehen und doch glauben" (Joh. 20,29).

Kapitel 9

Wie die Autoren neues Leben in Jesus Christus fanden

Bart

„Mein eigenes Fragen nach der Bedeutung des Christentums — über die Routine der Sonntagsschule hinaus — begann, als ich ein Kind war und Billy Graham im Fernsehen sah. Bis dahin hatte ich die meisten Christen entweder als Heuchler oder als Sonderlinge abgeschrieben, keines von beiden erschien mir besonders anziehend. Als ich Dr. Graham predigen hörte, hatte ich das Gefühl, mein Herz würde explodieren. Wenn auch subjektiv, ich fühlte die Gegenwart Gottes im Raum mit mir.

Ein Gedanke, den Dr. Graham vermittelte, war, daß Gott absolut rein und schuldlos ist und daß wir sündig sind (d.h., wir haben alle aktiv oder passiv gegen Gott rebelliert und sein Ziel der Vollkommenheit verfehlt). Es war wie der Bursche, der sagte: „Aber Richter, sehen Sie doch all die Leute, die ich nicht umgebracht habe!" Der Punkt war, daß wir alle schuldig sind vor einem heiligen und gerechten Gott und daß wir den Himmel nur verunreinigen und verderben würden, gingen wir dorthin ohne eine grundlegende Veränderung unseres Wesens.

So sehr ich sie auch leugnen wollte, ich fühlte die Schuld. Ich hatte nicht nach meinen eigenen Maßstäben gelebt, geschweige denn Gottes. Dr. Graham sagte, es genüge nicht, in die Kirche zu gehen. Das mache dich doch nicht zu einem Christen (ebensowenig, wie du ein Auto wirst, wenn du in eine Garage gehst), und daß ein aktiver, nicht ein passiver Glaube dazu gehöre, um Christ zu werden.

Es ist wie der Mann, der auf einem Seil über die Niagara-Fälle ging, mit einem 200 Pfund schweren Sandsack auf dem Rücken. Nachdem er drüben angekommen war, fragte er einen Zuschauer: „Glauben Sie, daß ich es noch einmal tun könnte?" Der Mann sagte: „Natürlich!" Da nahm der Bursche den Sack ab und sagte: „Dann klettern Sie auf meinen Rücken."

Wirklicher Glaube ist mehr, als nur den Ansprüchen des Christentums die geistige Zustimmung zu geben. Er bedeutet „aufzusteigen" und unser Leben dem Seil anzuvertrauen. Alles andere ist nicht „Glauben" im biblischen Sinne des Wortes.

Ich hörte einmal die Geschichte von einem Richter, dessen eigene Tochter wegen Geschwindigkeitsüberschreitung vor sein Gericht gebracht wurde. Zur Überraschung aller verurteilte er sie zur höchstmöglichen Geldstrafe. Dann stieg er von der Richterbank herab, zog seine Brieftasche heraus und bezahlte die Geldstrafe für sie. Auf diese Weise wurde sowohl die Forderung des Gesetzes nach Gerechtigkeit, als auch die Liebe des Vaterherzens voll zufriedengestellt. Dr. Graham sprach davon, wie Gott dasselbe in der Person Jesu getan hat — Gott stieg herab, um Mensch zu werden und für die Menschheit zu sterben, weil er uns liebt.

Dr. Graham sagte weiter, daß wir bereit sein müssen, unsere Sünden zu gestehen und die Vergebung Gottes zu empfangen durch den Glauben an Christi Tod und Auferstehung für uns. Wir könnten sie niemals verdienen oder bezahlen. Sie war ein Geschenk, das wir entweder annehmen oder zurückweisen konnten.

Nun, ich schob es noch einige Jahre auf, Christ zu werden, teilweise, weil es eine Weile dauerte, bevor ich ein paar Christen traf, die ich respektieren konnte, und teilweise, weil ich immer noch unsicher war, was ich *tun* mußte, um Christ zu werden. Aber schließlich kam der Tag. Ein Redner sagte mir, *wie* ich in einer nicht bedrohlichen Umwelt ein Christ werden konnte. (Ich hatte mehrere andere Gelegenheiten verstreichen lassen, als ich Gefahr lief, in Verwirrung zu geraten. Ich fürchtete, daß es nicht funktionieren und ich mich nur zum Narren machenwürde.)

So saß ich in einer High school-Versammlung in Topeka, Kansas, auf meinem Stuhl und betete leise und bat Christus, in mein Leben zu kommen. Zu meiner großen Überraschung tat er es! Ich fand einen Frieden, den ich nie zuvor gekannt hatte. Alte Schuldgefühle waren verschwunden, und ich hatte neue Freude und Grund zum Leben. Ich war freudig überrascht, zu sehen, daß Gott wirklich auf Gebete antwortet. Er sorgte sich!

Auch als Christ fühlte ich mich manchmal wie ein verlassenes Baby, das in einen Korb gelegt und auf Gottes Türschwelle ausgesetzt worden war, und daß Gott, als liebender Gott, der er ist, keine Wahl hatte, als mich zu nehmen. Heute weiß ich jedoch, daß es nicht so ist, denn in seiner großen Liebe hat er mich *erwählt* (Eph. 1,4.5). Zu allen, die kommen wollen, sagt er ‚Komm!'

Als jemand, der sich sorgt und der Seine Liebe kennengelernt hat, kann ich Sie, den Leser, nur ermutigen, nicht neutral zu bleiben. Er liebt Sie und hat das bewiesen, indem er ein Mensch wurde und für Sie starb. Darum geht es bei der Fleischwerdung und Göttlichkeit Christi und darum haben Josh und ich dieses Buch geschrieben."

Josh[1]

Ich begann mit dem Ziel, die Bibel als zuverlässiges historisches Dokument und die Auferstehung als ein tatsächliches
historisches Ereignis und das Christentum als eine relevante
Alternative intellektuell zu widerlegen. Nachdem ich die Beweise gesammelt hatte, von denen einige in meinen
Büchern mitgeteilt wurden, war ich zu dem Schluß gezwungen, daß meine Behauptungen nicht standhalten konnten,
sondern daß Jesus Christus genau der war, der zu sein er
behauptete — der Sohn Gottes.

Der obige Schluß über die historische Zuverlässigkeit der
Bibel und die Person Christi brachte einen heftigen Kampf
mit sich. Mein Verstand sagte mir, daß all dies wahr sei,
aber mein Wille zog mich in eine andere Richtung. Ich ent-
deckte, daß es eine erderschütternde Erfahrung ist, ein
Christ zu werden.

Schuld war offenbar in meinem Leben. Jesus Christus
forderte meinen Willen direkt heraus, ihm als Erlöser zu vertrauen, als demjenigen, der am Kreuz für meine Sünden
starb. Lassen Sie mich seine Einladung frei wiedergeben:
„Sieh! Ich stehe vor der Tür und klopfe ständig an. Wenn
irgend jemand hört, daß ich rufe und die Tür öffnet, dann
werde ich eintreten" (Off. 3,20).

„Allen aber, die ihn aufnahmen, gab er Macht, Kinder
Gottes zu werden, allen, die an seinen Namen glauben"
(Joh. 1,12). Es war mir gleichgültig, ob er auf dem Wasser
ging oder Wasser in Wein verwandelte. Ich wollte nicht, daß
ein Partylöwe in mein Leben trat. Ich konnte mir nichts vorstellen, was eine gute Zeit schneller ruinieren oder intellek-
tuelles Streben zerstören oder die wissenschaftliche Auf-
nahme bei meinen Altersgenossen behindern würde.

Da stand ich also: Mein Verstand sagte mir einerseits, das

Christentum sei wahr, und mein Wille sagte: „Gib es nicht zu!" Jedesmal, wenn ich mit diesen enthusiastischen Christen zusammen war, wurde der Konflikt intensiver. Wenn Sie jemals mit glücklichen Menschen zusammen waren, während es Ihnen miserabel ging, verstehen Sie, wie verrückt einen das machen kann. Sie waren so glücklich, und ich fühlte mich so elend, daß ich am liebsten aufgestanden und aus dem Raum gerannt wäre.

Es kam zu einem Punkt, an dem ich um zehn Uhr abends ins Bett ging und nicht vor vier Uhr morgens einschlief. Ich wußte, ich mußte Jesus aus dem Kopf bekommen oder ich würde den Verstand verlieren!

Das neue Leben beginnt

Da ich aufgeschlossen war, wurde ich am 19. Dezember 1959, um 20.30 Uhr, während meines zweiten Jahrs an der Universität, ein Christ. Jemand fragte mich: „Wie können Sie das wissen?"

Ich sagte: „Sehen Sie, ich war dabei."

In jener Nacht betete ich. Ich betete vier Dinge, um eine Beziehung zu Gott herzustellen — eine persönliche Beziehung mit seinem Sohn, dem auferstandenen, lebendigen Christus. Im Laufe der Zeit hat diese Beziehung mein Leben verändert.

Erstens betete ich: „Herr Jesus, danke, daß du für mich am Kreuz gestorben bist." Zweitens sagte ich: „Ich gestehe die Dinge in meinem Leben ein, die dir nicht gefallen, und bitte dich, mir zu vergeben und mich zu reinigen." (Die Bibel sagt: „Wenn eure Sünde auch blutrot ist, soll sie doch schneeweiß werden.") Drittens sagte ich: „Jetzt werde ich, so gut ich kann, die Tür meines Herzens und Lebens öffnen und dir als meinem Erlöser und Herrn vertrauen. Übernimm die Leitung meines Lebens. Kehre mein Inneres nach außen. Mache mich zu dem Menschen, als den du mich geschaffen hast."

Das Letzte, das ich betete, war: „Danke, daß du durch den Glauben in mein Leben getreten bist." Es war ein Glaube, durch den Heiligen Geist bewirkt, gegründet auf Beweise und die Tatsachen der Geschichte und auf Gottes Wort.

Ich bin sicher, Sie haben gehört, daß religiöse Menschen von ihrem „Blitzschlag" sprachen. Nun, nachdem ich gebetet hatte, geschah nichts. Ich meine wirklich nichts. Tatsächlich fühlte ich mich, nachdem ich diese Entscheidung getroffen hatte, noch schlechter. Ich fühlte, daß ich mich übergeben mußte. Mir war zutiefst übel.

„Oh nein, McDowell, worauf hast du dich jetzt eingelassen?" fragte ich mich. Ich fühlte mich so, als hätte ich die Fassung verloren — und einige meiner Freunde stimmten mir bei.

Veränderungen

Aber ich kann Ihnen eines sagen: Innerhalb von 6 Monaten bis eineinhalb Jahren stellte ich fest, daß ich nicht die Fassung verloren hatte. Mein Leben war verändert.

Ich befand mich in einer Debatte mit dem Leiter der historischen Abteilung einer Universität des mittleren Westens, und ich sagte: „Mein Leben hat sich verändert." Er unterbrach mich ziemlich sarkastisch. „McDowell, Sie wollen uns doch nicht erzählen, daß Gott wirklich Ihr Leben im 20. Jahrhundert verändert hat? Auf welchem Gebiet?"

Nachdem ich 45 Minuten lang die Veränderungen beschrieben hatte, sagte er: „Okay, das ist genug!"

Frieden des Geistes. Ein Gebiet, von dem ich ihm erzählte, war meine Ruhelosigkeit. Ich war ein Mensch, der immer beschäftigt sein mußte. Ich mußte entweder in der Wohnung meiner Freundin sein oder auf einer Party. Ich ging über den Campus und mein Geist war ein Wirbelwind von Konflikten. Ich setzte mich hin, um zu studieren oder zu denken, und ich konnte es nicht.

Aber einige Monate, nachdem ich die Entscheidung getroffen hatte, Christus zu vertrauen, entwickelte sich eine Art geistiger Frieden. Verstehen Sie mich nicht falsch. Ich spreche nicht von der Abwesenheit von Konflikten. Was ich in dieser Beziehung zu Jesus fand, war nicht so sehr das Fehlen von Konflikten, sondern die Fähigkeit, damit fertig zu werden. Das würde ich für nichts in der Welt eintauschen.

Kontrolle des Temperaments. Ein anderer Bereich, der sich zu verändern begann, war mein Jähzorn. Ich ging gewöhnlich schon in die Luft, wenn jemand mich nur schief ansah. Ich trage immer noch die Narben davon, in meinem ersten Jahr an der Universität beinahe einen Mann getötet zu haben. Mein Temperament war ein so wesentlicher Teil von mir, daß ich nicht bewußt versuchte, es zu ändern.

Eines Tages nach meiner Entscheidung, meinen Glauben in Christus zu setzen, geriet ich in eine Krise, nur um festzustellen, daß mein Jähzorn verschwunden war! Und nur ein einziges Mal in den letzten 24 Jahren habe ich die Beherrschung verloren.

Ein Mann, den ich haßte

Und es gibt noch ein weiteres Gebiet, auf das ich nicht stolz bin. Aber ich erwähne es, weil viele Menschen dieselbe Veränderung in ihrem Leben durch eine Beziehung zu dem auferstandenen, lebendigen Christus brauchen. Es ist das Gebiet des Hasses (man könnte auch sagen Verbitterung). Es gab eine Menge Haß in meinem Leben. Es war nichts, das sich äußerlich zeigte, sondern eine Art inneres Knirschen. Ich stieß mich an Menschen, an Dingen, an Sachverhalten. Wie so viele andere Menschen war ich unsicher. Jedesmal, wenn ich jemand traf, der anders war als ich, wurde er zu einer Bedrohung.

Der eine Mensch, den ich mehr haßte, als irgend jemand sonst auf der Welt, war mein Vater. Ich verachtete ihn. Er war der Stadtsäufer. Wenn Sie aus einer kleinen Stadt kommen und einer Ihrer Elternteile ein Alkoholiker ist, wissen Sie, wovon ich spreche. Jeder wußte es. Meine Freunde kamen in die High School und machten Witze darüber, daß mein Vater unterwegs war. Sie glaubten nicht, daß es mir etwas ausmachte. Nach außen hin lachte ich, aber ich sage Ihnen, innerlich weinte ich. Einmal ging ich in den Stall und sah meine Mutter im Mist hinter den Kühen liegen. Sie war von meinem Vater schrecklich geschlagen worden und konnte nicht aufstehen.

Wenn wir Freunde zu Besuch hatten, brachte ich meinen Vater hinaus, band ihm im Stall fest und parkte das Auto hinter dem Silo. Wir erzählten unseren Freunden, er sei irgendwohin gefahren, so daß wir nicht in Verlegenheit gebracht wurden. Ich glaube nicht, daß irgend jemand einen Menschen mehr hassen könnte, als ich meinen Vater gehaßt habe.

Aus Haß wird Liebe

Vielleicht fünf Monate, nachdem ich meine Entscheidung für Christus getroffen hatte, trat die Liebe zu meinem Vater — eine Liebe von Gott durch Jesus Christus — in mein

Leben. Diese Liebe nahm meinen Haß und kehrte ihn um. Diese Liebe war so stark, daß ich meinem Vater gerade in die Augen sehen und sagen konnte: „Vater, ich liebe dich!" Und ich meinte es wirklich so. Nach einigen der Dinge, die ich getan hatte, rüttelte ihn das auf.

Kurz nachdem ich zu einer privaten Universität gewechselt hatte, war ich in einen schweren Autounfall verwickelt. Den Hals im Streckverband, wurde ich nach Hause gebracht. Ich werde nie vergessen, wie mein Vater in das Zimmer kam und sagte: „Junge, wie kannst du einen Vater wie mich lieben?" Ich sagte: „Vater, vor sechs Monaten habe ich dich noch verachtet." Dann teilte ich ihm meine Erkenntnisse über Jesus Christus mit.

„Vater, ich ließ Christus in mein Leben treten", sagte ich. „Ich kann es nicht vollkommen erklären. Aber als Ergebnis dieser Beziehung habe ich die Fähigkeit gefunden, nicht nur dich, sondern auch andere Menschen zu lieben und zu akzeptieren, wie sie sind."

45 Minuten später erlebte ich eine der größten Freuden meines Lebens. Jemand aus meiner Familie, jemand, der mich so gut kannte, daß ich ihm nichts vormachen konnte, sagte zu mir: „Sohn, wenn Gott für mein Leben tun kann, was ich ihn habe für dein Leben tun sehen, dann will ich ihm die Gelegenheit dazu geben." Auf der Stelle betete mein Vater mit mir und vertraute auf Christus.

Gewöhnlich finden Veränderungen über mehrere Tage, Wochen oder Monate, selbst Jahre hinweg statt. Das Leben meines Vaters wurde genau vor meinen Augen verändert. Es war, als ob jemand die Hand ausstreckte und eine Glühbirne einschaltete. Ich habe niemals vorher oder nachher eine so schnelle Veränderung gesehen. Mein Vater hat danach nur noch ein einziges Mal Whisky angerührt. Er führte ihn bis zu den Lippen und nicht weiter. Er brauchte ihn nicht mehr.

116

Es funktioniert

Ich bin zu einer Erkenntnis gekommen. Eine Beziehung zu Jesus Christus verändert das Leben. Sie können unwissend über das Christentum lachen; Sie können es verspotten und lächerlich machen. Aber es funktioniert. Es verändert das Leben. Wenn Sie auf Christus vertrauen, beobachten Sie Ihre Haltung und Handlungen — weil Jesus Christus dabei ist, das Leben zu verändern, Sünden zu vergeben und Schuld zu löschen.

Sie haben die Wahl

Aber das Christentum ist keine Sache, die man erzwingen oder jemand in den Hals stopfen kann. Sie müssen Ihr Leben leben und ich meines. Alles, was ich tun kann, ist Ihnen zu berichten, was ich gelernt habe. Alles, was darüber hinausgeht, ist Ihre Entscheidung. Meine Frau drückt es so aus: „Weil Christus von den Toten auferstanden ist, lebt er. Und weil er lebt, hat er die unendliche Fähigkeit, in das Leben eines Mannes oder einer Frau einzutreten, ihnen zu vergeben und ihr Inneres nach außen zu kehren."

Der Schlüssel dazu ist die Tatsache der Auferstehung. Christus ist auferstanden.

Es ist eine persönliche Sache

Ich habe mitgeteilt, wie ich persönlich auf die Behauptungen Christi reagiert habe. Auch Sie müssen sich die logische Frage stellen: „Was bedeuten all diese Zeugnisse für mich? Welchen Unterschied macht es, ob ich glaube oder nicht glaube, daß Christus auferstanden ist und am Kreuz für meine Sünden starb?" Die beste Antwort darauf liegt in dem, was Jesus zu einem sagte, der zweifelte, zu Thomas. Er sagte ihm: „Ich bin der Weg und die Wahrheit und das Leben; niemand kommt zum Vater denn durch mich" (Joh. 14,6).

Auf der Grundlage all der Zeugnisse für die Auferstehung Christi und in Anbetracht der Tatsache, daß Jesus die Vergebung der Sünden und eine ewige Verbindung zu Gott anbietet, wer könnte so tollkühn sein, ihn zurückzuweisen? Christus lebt. Er lebt heute.

Sie können Gott vertrauen, in diesem Augenblick, durch Glauben im Gebet. Gott kennt Ihr Herz und achtet weniger auf Ihre Worte, als auf die Haltung Ihres Herzens. Wenn Sie niemals auf Christus vertraut haben, können Sie es in diesem Augenblick tun.

Das Gebet, das ich sprach, lautete: „Herr Jesus, ich brauche dich. Danke, daß du für meine Sünden am Kreuz gestorben bist. Ich öffne die Tür meines Lebens und vertraue auf dich als meinen Erlöser. Danke, daß du mir die Sünden vergeben und ewiges Leben geschenkt hast. Mache mich zu einem Menschen, wie du ihn dir wünscht. Danke, daß ich auf dich vertrauen kann."

Anhang

Verschiedene Ansichten über die Göttlichkeit Christi

Wir halten es für hilfreich, eine Anzahl religiöser Systeme aufzuführen und so gut wir können ihre Ansichten zur Göttlichkeit Christi zusammenzufassen. Wer an einer umfassenderen Darstellung interessiert ist, vgl. *Handbook of Today's Religions,* eine Serie von Josh McDowell und Don Stewart.

Agnostiker
Das Wort *Agnostiker* kommt von zwei griechischen Wörtern, *a* bedeutet „kein" und *gnosis* bedeutet „Wissen". Einfach gesagt ist ein Agnostiker jemand, der behauptet, es sei nicht möglich zu wissen, ob es einen Gott gibt oder nicht, geschweige denn, ob Christus Gott ist.

Atheist
Das Wort *Atheist* kommt von zwei griechischen Wörtern, *a* bedeutet „kein" und *theos* bedeutet „Gott". Ein Atheist glaubt, daß es keinen Gott gibt.

Bahai
Der Bahaiglaube lehrt, daß in der Weltgeschichte viele Religionen zu Gott geführt haben. Gott hat viele Propheten als seine göttlichen Sprecher benutzt, Jesus war zu seiner Zeit der wichtigste, wie es Buddha, Moses, Krishna, Zoroaster, Mohammed usw. zu ihrer waren. Die Bahai glauben, daß Baha'u'llah Gottes heutiger Prophet ist.

119

Black Muslims
Die Black Muslims sind eine amerikanische islamische Bewegung mit starken politischen und rassistischen Untertönen. Wie viele andere Bewegungen hat sie im Laufe der Zeit dazu tendiert, milder zu werden. Bestimmte Teile des Christentums sind in diese Bewegung integriert, wobei Christus oft als Schwarzer bezeichnet wird. Jesus wird als Prophet Allahs (Gottes) betrachtet, der als Prophet unter Mohammed stand und definitiv nicht Gott war.

Buddhismus
Der Buddhismus begann als eine Philosophie, die von Siddharta Gautama (Buddha) vertreten wurde, ungefähr 200 Jahre nach dessen Tod er zu einer Religion wurde, als ein Teil seiner Anhänger ihn vergöttlichte. Buddha (der Name bedeutet „der Erleuchtete") wird als ein Erlöser-Gott behandelt, obwohl er selbst behauptete, nur ein Lehrer zu sein. Die Buddhisten betrachten Jesus als einen moralischen Lehrer von geringerer Bedeutung als Buddha — angebetet wird Buddha. Der Hauptgott des Buddhismus ist unpersönlich.

Christian Science
Gegründet von Mary Baker Eddy leugnet diese Gruppe die Göttlichkeit Christi mit der Behauptung, Jesus sei der Sohn Gottes, nicht Gott. Christian Science lehrt, „Jesus" sei der menschliche Mann und „Christus" die göttliche Idee, die heilt.

Divine Light Mission
Diese Bewegung, gegründet von Guru Maharaj Ji, ist in ihrem Ursprung hinduistisch. Sie lehrt, daß Gott sein Wissen in der Vergangenheit durch mehrere göttliche Meister offenbart habe (Jesus, Krishna usw.). Maharaj Ji wird als der

neue Meister gesehen, der Männer und Frauen heute zum Wissen der Wahrheit führt.

Eckankar

Eckankar, die sogenannte Wissenschaft von der Seelenwanderung, wurde von Paul Twitchell gegründet, einem „Propheten, Heiler, Seelenwanderer". Es ist eine Mischung von westlichem Christentum und östlichen Religionen. Wie der Bahaiglaube gesteht es jeder der Hauptreligionen zu, Hilfe zur Erkenntnis Gottes zu leisten. Eckankar spricht von einem Heiligen Geist, durch den wir die „Göttliche Realität" erkennen und in einen „Gott-bewußten" Zustand eintreten. Jesus wird als ein Mensch behandelt, der ein „Christ-Bewußtsein" hatte. Wie im Hinduismus glaubt man, daß Sugmad, das „Höchste Wesen" in vielen Meistern oder Gurus (wie Jesus) fleischgeworden ist.

EST (Erhard Seminars Training)

EST wurde von John Paul Rosenberg gestartet, der sich jetzt Werner Erhard nennt. Seine hochgelobten Seminare sind dazu programmiert, das Denken über die Realität zu verändern. EST ist eine Philosophie ohne Absolute. Was auch immer „IST" *(est),* ist richtig, (ob gut, schlecht, böse usw.); falsch gibt es nicht (außer vielleicht in Ihrem Geist). Jeder Mensch hat seinen oder ihren eigenen Gott.

Hare Krishna *(ISKCON* — International Society for Krishna Consciousness)

Die Hare Krishna-Bewegung wurzelt im Hinduismus. Ihre Bibel, das Bhagavad-Gita gilt als die Zusammenfassung der indischen Veda-Literatur (heilige Schriften). Krishna ist die „Höchste Persönlichkeit der Gottheit", der Eine voll des Wissens und Ursache aller Ursachen. Wie der Hinduismus

121

glaubt ISKCON an viele Götter. Brahma, die unpersönliche Weltseele (das engste Äquivalent zu Gott) hat sich in Millionen von Göttern manifestiert, deren höchster Krishna ist. Krishna wird „Herr" genannt und empfängt Gebete. Er soll zu verschiedenen Zeiten als Mensch aufgetreten sein (Buddha gilt als eine seiner Inkarnationen). Die christlichen Konzepte von Gott und Christus werden abgelehnt.

Hinduismus

Der Hinduismus entstand aus den nomadischen mündlichen Traditionen und heiligen Schriften (genannt Vedas) Indiens. Er hat keinen einzelnen Gründer. Brahma wird als die allumfassende Weltseele hinter dem Universum angesehen, unpersönlich, aber in Millionen von Göttern manifestiert, von denen viele in der Natur sind. Der Hinduismus ist pantheistisch, er betrachtet alle Dinge (Bäume usw.) als Teil des Brahma. Jesus wird als eine besondere Manifestation des Brahma angesehen, gerade nur etwas mehr als jede andere Person. Alle Menschen werden als Geister *(atman)* betrachtet, die irgendwie vom Brahma getrennt wurden. Das wichtigste Ziel des Lebens nach dem Hinduismus, ist es, vom Brahma wieder aufgenommen zu werden.

I-Ching

I-Ching bedeutet Buch der Veränderungen. Es ist eine sehr komplexe Methode, geistliche Führung durch den Gebrauch des I-Ching-Buches zu suchen. Es ist ursprünglich chinesisch und existierte schon in vorchristlicher Zeit. Es hatte großen Einfluß auf Konfuzianismus und Taoismus und wird bei vielen östlichen Religionen und Sekten wieder populär, ebenso wie bei vielen jungen Leuten ohne besondere religiöse Bindungen.

Islam

Islam ist eine Religion, die an einen Gott, Allah, glaubt. Seine Anhänger werden Muslime genannt. Jesus wird als ein Prophet betrachtet, zusammen mit Adam, Noah, Abraham, Moses usw. Die meisten der neutestamentlichen Berichte über das Leben Jesu werden von den Muslims als falsch und historisch ungenau abgelehnt (z.B. glauben sie, daß Judas am Kreuz starb, nicht Jesus). Mohammed, der Gründer des Islam, wird als größter Prophet Allahs betrachtet.

Jainismus

Der Jainismus, gegründet von Mahavira, ist eine östliche Religion, die aus dem Hinduismus entstanden ist. Sie glaubt nicht an ein höchstes Wesen. Mahavira wird von den Jaina als ein Erlöser betrachtet, die einen asketischen, gewaltlosen Lebensstil führen und versuchen, sich vom negativen Karma (bösen Taten, die an der Seele haften) zu befreien. Die Jaina verweigern sich jede Freude und alles, was sie an diese Welt binden könnte.

Judentum

Das Judentum hat im Laufe der Jahrhunderte viele Veränderungen durchgemacht. Man kann ein Jude sein entweder nach der Nationalität oder nach der Religion. Zum Beispiel kann man ein Atheist sein oder ein Agnostiker und durch die Geburt dennoch ein Jude. Oder man kann als Nichtjude geboren sein, religiös zum Judentum konvertieren und so, in gewissem Sinne des Wortes, Jude sein. Die frühe christliche Kirche war zur Gänze jüdisch. Judentum und Christentum schlossen sich nicht gegenseitig aus und müssen es auch nicht. Es gibt viele messianische Juden (oder hebräische Christen), die Anhänger Christi sind, die ihn als ihren

Messias und Herrn ansehen. Im großen und ganzen jedoch haben die Juden durch die Jahrhunderte Jesus als ihren Messias abgelehnt. Viele glauben immer noch an den Gott Abrahams, obwohl nur noch ein relativ kleiner Prozentsatz das gesamte Alte Testament als wortwörtlich wahr annimmt. Manche Juden sagen, daß Jesus in guter Absicht handelte oder ein guter Lehrer war. Viele sehen ihn jedoch entweder als irregeführt oder als Betrüger.

Kinder Gottes (Familie der Liebe)

Diese Gruppe wurde von David Brandt Berg gegründet, der von seinen Anhängern Mo (für Moses) genannt und als Prophet betrachtet wird. Aus seinen Schriften geht nicht hervor, ob er an die Göttlichkeit Christi glaubt oder nicht.

Konfuzianismus

Der Konfuzianismus, benannt nach Konfuzius, ist eine chinesische Philosophie und ein politisches System, weniger eine Religion (obwohl er die Verehrung von Bergen, Flüssen, Ahnen usw. befürwortet). In seinem System ist „Himmel" die höchste spirituelle Realität und wird anstelle des Namens „Gott" verwendet. Der Konfuzianismus ist in seinen Forderungen humanistisch, mit der Betonung auf Liebe, Frieden und Sanftmut auf allen Ebenen der Gesellschaft. Er schenkt dem Übernatürlichen wenig Beachtung und lehnt das jüdisch-christliche Konzept eines persönlichen Gottes ab.

Mormonen

Die mormonische Kirche wurde von Joseph Smith gegründet. Kurz nach seinem Tode kam es über die Frage seiner Nachfolge zu einer Spaltung. Der größte Teil der Anhänger, die als Mormonen bekannt wurden, erkannte Brigham

Young als ihren neuen Führer an. Die Mormonen glauben an viele „Götter". Sie lehren, daß eine Versammlung der Götter zusammenkam und daß einer von ihnen, Adam (wie in 1. Mose 2), ein Mensch wurde und der „Gott" dieses Planeten ist. Er ist es, von dem Jesus als „Gott der Vater" sprach (vgl. Journal vof Discourses, Vol. I, pp. 50,51). Die Mormonen glauben, daß alle Menschen zuerst in einem prämortalen Zustand leben und daß wir, um Götter zu werden, erst Körper von Fleisch und Blut auf uns nehmen müssen. Sie lehren, daß Jesus als prämortaler Mensch ein Bruder Luzifers war und daß Jesus mehrere Frauen hatte. Elohim und Jehova (zwei alttestamentliche Namen für Gott) werden als zwei verschiedene Götter angesehen.

New Age Movement
New Age Movement ist ein loser Oberbegriff für viele religiöse, politische und soziale Organisationen, zusammen mit vielen Leuten, die sich selbst als „New Age" (Neues Zeitalter) betrachten, aber keine Bindung an irgendeine Gruppe haben. Viele, wenn nicht die meisten innerhalb der Bewegung sind sich wahrscheinlich keiner untergelegten Philosophie bewußt. Ein organisierter Teil der New Age Movement veröffentlichte jedoch im April 1982 ganzseitige Anzeigen in Zeitungen und Zeitschriften der ganzen Welt mit der Ankündigung, Christus sei auf der Erde und werde bald offenbart werden. Diese Abteilung glaubt, daß die Weltseele (buddhistische Konzeption) im Laufe der Weltgeschichte viermal fleischgeworden ist und daß Inkarnation Nr. 5 (der Herr Maitreya) auf der Erde ist und auf den richtigen Zeitpunkt wartet, um sich zu offenbaren.

Radio Church of God
Diese Kirche, gegründet von Herbert W. Armstrong, wird

125

von seinem Sohn, Garner Ted Armstrong, weitergeführt. Die Armstrongs glauben an die Göttlichkeit Christi, aber nicht im orthodoxen Sinne des Wortes. Für sie wird die gesamte „Familie" der Gläubigen schließlich das eigentliche Wesen Gottes ausmachen („Wir werden dann Gott sein!"). Sie glauben nicht an die Dreifaltigkeit.

Reorganisierte Kirche der Heiligen der Letzten Tage

Diese Kirche und die Mormonen haben beide Joseph Smith als ihren Gründer und beide Kirchen hängen dem Buch Mormon an (die Mormonen erkennen auch noch verschiedene andere Bücher an). Nach dem Tod Joseph Smiths spaltete sich die Kirche, wobei der Mormonenzweig Brigham Young und die Reorganisierte Kirche der Heiligen der Letzten Tage Joseph Smiths Sohn. Letztere ist in ihren Ansichten wesentlich orthodoxer. Sie glauben an die Göttlichkeit Christi und die Dreifaltigkeit, obwohl es Beweise dafür gibt, daß Joseph Smith es nicht tat. (Zwei Monate vor seiner Ermordung sagte Joseph Smith in einer Rede, der Vater sei nur ein Mensch gewesen, genau wie auch Jesus nur ein Mensch gewesen sei — eine Ansicht, mit der die heutigen Mormonen übereinstimmen).

Scientology-Church

Scientology, selbsternannte „Wissenschaft des Wissens vom Wissen" oder „angewandte religiöse Philosophie" wurzelt eher in der Welt der Science Fiction, als in der jüdisch-christlichen Tradition. Sie diskutiert keine Doktrinen, wie die Dreifaltigkeit oder die Göttlichkeit Christi. Ihr Gründer, Fantasy-Schreiber L. Ron Hubbard, veröffentlichte ein Buch mit dem Titel *Dianetics: die moderne Wissenschaft* (1950), das seine Theorien und therapeutischen Vorschläge vorstellte. Scientology, die jetzt ihre Dienste verkauft, hat ein ungewöhnliches, spezialisiertes Vokabular für ihre Konzepte und Prozeduren.

Shintoismus

Shintoismus ist eine japanische Religion, die an viele Götter glaubt. Er ist politisch eng mit der japanischen Lebensart verbunden und kommt dem buddhistischen Glauben sehr entgegen (d.h. buddhistische Priester führen oft zeremonielle Riten für Shintos durch). Der Shintoismus hat keine bestimmte Sammlung religiöser Glaubenssätze, sondern ist in viele Sekten unterteilt.

Sikhismus

Der Sikhismus, von Nanak im späten 14. Jahrhundert gegründet, ist ein Zweig des Hinduismus. Gott wird als gestaltlos, unfehlbar, unergründlich und absolut betrachtet. Anders als der Hinduismus ist die Religion im wesentlichen monotheistisch und besitzt nicht den ganzen Ritualismus des Hinduismus. Wie im Hinduismus ist es jedoch das letzte Ziel des Lebens, eins zu werden mit Gott.

Spiritismus

Spiritismus ist eine breite Klassifizierung, die viele spiritistische Praktiken und Überzeugungen umfaßt (Seancen, Wahrsager, Medien, Magie, Hexerei, Handleser, Astrologen, Horoskope usw.). Solche Praktiken und Überzeugungen hat es seit tausenden von Jahren gegeben. Je nach der Person, die in den Spiritismus verwickelt ist, lehnen die meisten (wenn auch nicht alle) die Göttlichkeit Christi ab. Von besonderer Bedeutung ist die Lehre der Bibel, daß solche Menschen sich dämonischen Geistern öffnen, indem sie spirituelle Führung von jemand oder etwas anderem als Gott suchen — Praktiken, die in der Schrift verurteilt werden.

Theosophie

Die Theosophie, eine Bewegung, die von Helena Blavatsky gestartet wurde, lehrt, daß die zugrunde liegende Ursache aller Religionen dieselbe sei; ein unpersönlicher Gott oder Göttliches Prinzip. Das letzte Ende aller Religionen, gleich welcher, ist es, von Gott aufgenommen zu werden. Für Blavatksy war Christus das Göttliche Prinzip, Jesus der Mann.

Transzendentale Meditation (TM)

TM wurde von Maharishi Mahesh Yogi gegründet und so sind ihre Ursprünge hinduistisch. Oberflächlich gesehen scheint TM mehr eine Philosophie zu sein, als eine Religion, mit der Betonung auf innerem Frieden, Entspannung, Meditation und psychologischer Ganzheit. Die religiösen Lehren der TM sind jedoch stark hinduistisch mit westlichen Einschüssen. Christus wird als ein guter moralischer Lehrer betrachtet.

Unitarismus

Der Unitarismus wird zwar als Religion betrachtet, stellt aber die Humanität und humanitäre Belange, nicht Gott, in den Mittelpunkt. Die Kirche hat kein formuliertes Glaubensbekenntnis zu Gott, Jesus, Erlösung, zur Bibel oder irgend einer anderen theologischen Doktrin. Sie betont die völlige Freiheit des religiösen Glaubens. Gott wird allgemein für unpersönlich gehalten.

Unity

Die Unity School of Christianity, gestartet von Mr. und Mrs. Charles Fillmore, steht der Christian Science nahe. Gott, der als unpersönlich betrachtet wird, ist „Leben" oder das „Göttliche Prinzip". Sünde wird als negatives Denken definiert, Jesus ist ein Mensch und Christus die göttliche Idee.

Die Bibel wird allegorisch aufgefaßt. Mit Hilfe des Unity's Metaphysical Dictionary (Unity's metaphysisches Wörterbuch) kann die Bibel interpretiert werden, um Wahrheit und richtiges Denken zu gewinnen.

Vereinigungskirche
Die Vereinigungskirche (oder die Moonies, wie die Gruppe genannt wird) wurde von Sun Myung Moon aus Korea gegründet. Jesus gilt als der Sohn Gottes, nicht Gott. Die Vereinigungskirche lehrt, daß Jesus der Erde geistige Erlösung brachte, aber vorzeitig starb. Sun Myung Moon wird als der neue Messias betrachtet, der der Erde physische Erlösung bringt und zu Ende führt, was Jesus nicht vollbringen konnte. Der Heilige Geist wird als weibliches Gegenstück zu Gott dem Vater gesehen.

The Way International
The Way International, gegründet von Dr. Victor Paul Wiewille, lehrt, daß Jesus ein sündenfreier Mensch war, der Messias, unser Erlöser, der Sohn Gottes, aber nicht Gott. Die Anhänger leugnen die Präexistenz und Ewigkeit Christi; die Existenz Jesu begann mit der Empfängnis im Leib Marias. Anders als die meisten anderen Gruppen, die die Dreifaltigkeit und die Göttlichkeit Christi leugnen, behaupten die Mitglieder des Way, sich an eine wörtliche Interpretation der Bibel zu halten. (In dem Fall sollten sie sehr offen dafür sein, ihren Inhalt zu untersuchen.) Der Way lehrt, daß Gott heilig ist und Gott Geist ist, doch wenn die Schrift vom Heiligen Geist spricht (geschrieben heiliger Geist), dann handelt es sich um eine geistige Gabe, die Gott verleiht.

Zen Buddhismus
Zen Buddhismus ist ein Name für einen Teil des Buddhis-

mus, dessen Schwerpunkt auf der Meditation liegt, um die eigene Buddhanatur und die Realität zu entdecken. Zen ist eine Mischung von Buddhismus und Taoismus. Wie im Buddhismus wird die Gottheit mit der Natur identifiziert. Gott ist ein unbewußtes, unpersönliches Wesen, das sich in allen Dingen findet; die Mitglieder haben daher ein starkes Bewußtsein für Kunst und andere Ausdrücke der Ästhetik. Jesus wird als ein guter moralischer Lehrer angesehen.

Zeugen Jehovas

Die Bewegung der Zeugen Jehovas, gegründet von Charles Taze Russell, lehrt, daß Christus ein präexistenter „Gott" war, der von Gott erschaffen wurde — durch den Gott dann die Welt schuf. Das heißt, Christus wird als ein sündenloses geistiges Wesen (Gott) betrachtet, das dann Fleisch wurde. Die Ansicht der Zeugen Jehovas über die Göttlichkeit Christi kommt der des Arius nahe, der die Göttlichkeit Christi auf dem Konzil von Nicäa leugnete. Auch der Heilige Geist wird nicht als Gott betrachtet — nur Jehova.

Zoroastrismus

Der Zoroastrismus erwuchs aus denselben vedischen Traditionen und heiligen Schriften, wie der Hinduismus. Zoroaster, der Gründer, betonte die Anbetung eines einzigen Gottes, Ahura Mazda („Weiser Herr"); seine Anschauung war also im Grunde monotheistisch. Der Zoroastrismus glaubt an einen heiligen Geist und einen bösen Geist, eine Dualität, die um die menschlichen Seelen kämpfen.

Anmerkungen

Kapitel 1

1. Dem Leser, dem es schwerfällt, diese Tatsachen ohne weitere Belege zu akzeptieren, empfehlen wir, *Evidence That Demands A Verdict* von Josh McDowell zu lesen, erschienen bei Here's Life Publishers, San Bernardino, Ca. 92414.

2. In diesem Buch haben wir bestimmte Schlüsselwörter und -sätze hervorgehoben oder Material in Klammern hinzugefügt, um ihre Bedeutung zu unterstreichen. In jedem Fall stammen die Hervorhebungen von uns. Bibelzitate stammen aus der Zürcher Bibel (Altes Testament) und der deutschen Einheitsübersetzung (Neues Testament).

3. Robert Passantino, *The Nature and Attributes of God,* Costa Mesa, Ca: CARIS, 1980, p.3

4. Passantino, *Nature ... of God,* p.10

Kapitel 2

1. C. S. Lewis. „What Are We To Make of Jesus Christ?" *The Grand Miracle: Essays from God in the Dock.* New York: Ballantine, 1983, p.113.

2. Nach Nigel Turner, der zu der berühmten dreibändigen Moulton-Howard Turner *Grammar of the New Testament Greek* den Band zur Syntax beitrug, in seinen *Grammatical Insights into the Greek New Testament,* Edinburgh, Schottland: T.& T. Clark, 1965, p.15.

3. Herbert C. Leupold, *Exposition of Isaiah,* Vol. 1, Grand Rapids, MI: BakerBook House, 1968, p.158

4. Bruce M. Metzger, *The Jehovah's Witnesses and Jesus Christ,* Princeton, NJ: Theological Book Agency, 1953, p.75.

5. F. F. Bruce, *Answers of Questions,* Grand Rapids: Zondervan, 1973, p.66.

6. F. F. Bruce, *The Deity of Christ,* Manchester, England: Wright's (Sandbach) Ltd., 1964, pp.25,26.

7. O. P. Hogg und W. E. Vine, *The Epistles to the Thessalonians,* Fincastle, VA: Scripture Truth Book Co., 1959, p.24

8. Lewis, *Grand Miracle,* p.112.

9. Lewis Sperry Chafer, *Systematic Theology,* Vol. 5, Dallas: Dallas Seminary Press, 1948, p.23.

10. A. T. Robertson, *Word Pictures in the New Testament,* Vol. 1, Nashville, TN: Broadman Press, 1930, p.268.

11. Robert Alan Cole, *The Gospel According to St. Mark,* Grand Rapids, MI: Erdman Press, p.67.

Kapitel 3

1. Die christliche Sicht macht nicht alle physische Existenz göttlich. Im Pantheismus („Gott ist alles") — wenn wir die Schöpfung aufheben, heben wir einen Teil Gottes auf (außer, wie die Hindus sagen, alles ist Illusion). Trotzdem ist nach christlicher Ansicht Gott „in" der Schöpfung in ähnlicher (wenn auch nicht identischer) Weise, wie Brahma (die „Weltseele") „in" der Schöpfung ist, gemäß der vedischen Metaphysik (die Veden sind die heiligen Schriften der Hindus). Obwohl eine Ähnlichkeit besteht, ist der Unterschied entscheidend.

2. Robert Passantino, *The Nature and Attributes of God,* Costa Mesa, CA: CARIS, 1980, p.6.

3. John F. Walvoord, *Jesus Christ Our Lord,* Chicago: Moody Press, 1969, p.29

4. Thomas Schultz, „The Doctrine of the Person of Christ With an Emphasis Upon the Hypostatic Union", (theologische Dissertation, Dallas Theological Seminary, 1962), pp.194,195

5. Walvoord, *Jesus Christ,* p.31

6. Für eine gute Abhandlung über die alttestamentliche Erscheinung Gottes siehe Volume 5 der *Systematic Theology* von Lewis Sperry Chafer (Dallas, Tex: Dallas Seminary Press, 1948), Seiten 31-33

7. F. F. Bruce, *The Deity of Christ,* Manchester, England Wright's (Sandbach) Ltd., 1964, p.25

8. G. Campbell Morgan, *The Gospel According To John,* Old Tappan, NJ: Fleming H. Revell Co., n.d., p.161.

9. William Barclay, *The Gospel of John,* Vol. II, Philadelphia: Westminster Press, 1956, pp.42,43

Kapitel 4

1. C. S. Lewis, *Pardon, ich bin Christ,* Brunnen Verlag, 6. Aufl. 1982, Original 1943, deutsch 1977, S.48

Kapitel 5

1. Leon Morris, *Studies in the Fourth Gospel,* Grand Rapids, MI: Eerdmans Publishing Co., 1969, p.50.

2. E. W. Hengstenberg, *Commentary on The Gospel of St. John,* Minneapolis, MN: Klock and Klock Christian Publishers, 1865, p.270.

3. C. K. Barrett. *The Gospel According to St. John,* Philadelphia, PA: Westminster Press, 1978, p.256.

4. Joseph H. Thayer, *New Thayer Greek-English Lexicon,* Grand Rapids, MI: Zondervan Publishing House, 1977, p.665.

5. C. S. Lewis, *Pardon, ich bin Christ,* S. 57f.

6. *Strong's Exhaustive Concordance,* Nashville, TN: Abingdon Press, 1890, p.73.

7. Donald Guthrie, *New Testament Theology,* Downers Grove: Inter-Varsity Press, 1981, pp.275-278.

8. *Gleason L. Archer, Encyclopedia of Bible Difficulties,* Grand Rapids, MI: Zondervan Publishing House, 1982, p.323

9. W. G. T. Shedd, *Dogmatic Theology, Vol. I,* 2nd Ed., New York: Scribner, 1888, pp.312-313.

10. *Thomas Schultz, „The Doctrine of the Person of Christ With an Emphasis Upon the Hypostatic Union"* (theologische Dissertation, Dallas Theological Seminary, 1962), p.182.

11. *Loraine Boettner, Studies in Theology,* Grand Rapids, MI: William V. Eerdmans, 1947, pp. 152,153.

12. Schultz, „Christ", p.181.

Kapitel 6

1. Die meisten Universitätsbibliotheken werden deutsche Übersetzungen ihrer Schriften besitzen, für diejenigen, die tiefer in die Materie eindringen möchten.

2. J. B. Lightfoot, „Epistle of Polycarp to the Church at Philippi", *The Apostolic Fathers,* Part II, New York: Macmillan and Co., 1889, Vol. 2, No.3, p.476

3. Edgar J. Goodspeed, *The Apostolic Fathers: An American Translation,* New York: Harper & Row, 1950, p.85.

4. Lightfoot, *Fathers,* Vol. 2, No.2, p.572

5. ebd., p.569.

6. Kirsopp Lake, Übers., *The Apostolic Fathers* Vol.1, Cambridge, MA: LoebClassical Library, Harvard University Press, 1965, ab S. 1973.

7. John Weldon, „The Deity of Christ", unpublizierter Aufsatz.

8. *Irenaeus,* Vol. 1, Buch 4, Ante-Nicene Christian Library: Translation of the Writings of the Fathers, Alexander Roberts und James Donaldson, Übers., Edinburgh, Schottland: T.&T. Clark, 1869

9. Für einen ausführlichen Bericht vgl. Philip Schaffs *History of the Christian Church,* Vol. II und III, Grand Rapids, MI: Eerdman's Pub., 1960.

10. Mark Noll, „How Much of a God is Jesus? — The Nicene Creed", HIS, November 1974, pp.6,7.

11. A. H. Leitch, „Deity of Christ", *Zondervan Pictorial Encyclopedia of the Bible,* Vol. 2, Merrill C. Tinney, general editor, Grand Rapids, MI: Zondervan Publishing House, 1975, second ed., 1977, p.88.

Kapitel 7

1. Arthur W. Pink, *Exposition of the Gospel of John,* Vol.3, Swengel, PA: BibleTruth Depot (I. C. Herendeen) 1945, p.281,282.

2. F. F. Bruce, *The Deity of Christ,* Manchester, England: Wright's Sandbach LTD, 1964, p.24.

3. C. S. Lewis, *Pardon, ich bin Christ,* S. 124f.

4. Lewis Sperry Chafer, *Systematic Theology,* Volume 5, Dallas: Dallas Seminary Press, 1948, pp.11.12.

Kapitel 8

1. C. S. Lewis, *They Stand Together: The Letters of C. S. Lewis to Arthur Greeves (1914-1963),* Walter Hooper, ed., New York: MacMillan, 1979, p.503.

Kapitel 9

1. Joshs Zeugnis ist außer in diesem auch schon in mehreren seiner früheren Bücher erschienen. Teile dieses Berichts stammen aus:
Evidence That Demands A Verdict, CA: Here's Life Publishers, Inc., 1972, p.104.
More Than a Carpenter, Wheaton; IL: Tyndale House Publishers, Inc., 1977, pp.25-34
Die Tatsache der Auferstehung, 1984, Memra-Verlag, Weichs, (Orig. 1981), S.107-112.

Schriftverzeichnis

Altes Testament

1. Mose
1,1 — **32,45,63,65,66,99**
2,3 — **69**
2,7 — **47,65**
16,7-13 — **57**
18,1-19,1 — **57**
18,25 — **40,64**
22,15.16 — **57**
31,11-13 — **57**
32,28 — **70**
32,30 — **57,70**
48,15.16 — **57**
49,24 — **45,65**

2. Mose
3,2 — **57**
3,13-15 — **21**
3,14 — **57,63**
4,2-4 — **57**
6,6 — **75**
15,13 — **75**
15,26 — **50,65**
17,6 — **42**
21,1-6 — **99**
22,9.28 — **99**
24,9-11 — **70**

2. Mose
31,13.17 — **37**
33,20 — **70**
33,23 — **70**
34,6.7 — **65**
34,7 — **47**

3. Mose
24,16 — **22**
25,25 — **75**
25,48 — **75**

4. Mose
35,19 — **75**

5. Mose
4,2 — **11**
6,4 — **16,24,38,63**
6,13.14 — **14**
10,17 — **40,42,64**
32,3.4 — **42,64**
32,15.18.30.31 — **42**
32,39 — **47,63,65**
33,26.27 — **57**

Richter
13,22 — **71**

Ruth
3,13 — **75**

1. Samuel
2,6 — **65**

2. Samuel
22,2.3.32.47 — **42,64**
22,29 — **41,64**
23,3 — **42**

1. Könige
8,39 — **54,65**

1. Chronik
21,15-19 — **57**

Nehemia
9,15 — **42**
9,17 — **47,65**

Hiob
11,7 — **12**
33,4 — **45,65**
42,2-6 — **12**

Psalmen
19,15 — **75**
23,1 — **45,65**
24,10 — **36**

Psalmen
27,1 — **41,64**
33,11 — **57**
34,6.7 — **57**
36,10 — **47,65**
45,6.7 — **25,63**
50,4.6 — **40,64**
80,2 — **45,65**
82 — **99**
82,6 — **99**
86,5 — **47**
89,27 — **42,64**
95,1 — **42**
95,3 — **39,64**
95,5.6 — **45,65**
96,7.8 — **36**
96,13 — **40,64**
102,25.26 — **45,65**
102,26.27 — **66**
103,4 — **43**
130,4 — **47**
130,7.8 — **43,64**
139,7 — **53**
139,7-12 — **65**
145,3 — **12**

Sprüche
15,3 — **53,65**

Prediger
12,1 — **45**

Jesaja
6,1-3.5 — **71**
7,14 — **27,63**
9,6 — **28,58,63,66**
10,21 — **28**
40,3 — **23**
40,10-31 — **66**
40,13 — **12**
40,28 — **45,65**
41,1 — **75**
41,4 — **32,63**
42 — **28**
42,6 — **41,64**
42,8 — **13,60**
43,1 — **76**
43,3 — **38,64**
43,10 — **16,63**
43,11 — **38,64**
43,15 — **39,64**
45,5-13.18 — **66**
45,5.21.22 — **14**
45,22-24 — **37,44,64**
45,23 — **64**
46,9.10 — **58,66**
46,16 — **66**
48,11 — **13**
48,12 — **32,63**
48,17 — **43,64**
49 — **28**
54,5 — **43,44,64,65**
54,7 — **69**
55,7 — **47**
55,8.9 — **12**

Jesaja
60,19.20 — **41**
63,8 — **64**
63,9 — **43,64**

Jeremia
10,6 — **14**
17,9-16 — **54,65**
17,10 — **41,65**
23,6 — **43,64**
31,34 — **47**
33,15.16 — **43**

Hesekiel
34 — **45**

Daniel
7,13.14 — **73,74,76**
9,9 — **47,65**
9,26 — **17**
10,5-11 — **70**

Hosea
2,16 — **44,65**
12,3.4 — **70**

Joel
2,32 — **23**

Jona
4,2 — **47,65**

Micha
5,2 — **58,66**
5,4 — **28**

Habakuk
3,6 — **57,66**

Sacharja
9,9.10 — **28**
12,10 — **57**
14,3.4 — **57**
14,5 — **83**

Maleachi
1,11.14 — **83**
3,6 — **66**

Neues Testament

Matthäus
1,21 — **38,64**
1,23 — **27**
3,16.17 — **17**
4,10 — **14,60,66**
9,4 — **54**
9,6 — **55,74**
10,1 — **50**
11,19 — **74**
11,27 — **55,65**
12,8 — **37,64,74**
12,14 — **38**
12,22-29 — **50**
14,33 — **61,66**
16,16.17 — **105**
17,27 — **55**
18,20 — **53**
21,2-4 — **56**
22,42-45 — **73**
23,34 — **103**

Matthäus
23,34-37 — **66**
24,30 — **74**
25,1 — **44,65**
26,63 — **79**
28,9 — **61,66**
28,18 — **55,66**
28,19 — **16,99,103**
28,20 — **53,65**

Markus
1,2-4 — **21**
1,9-11 — **17**
1,24 — **50**
1,29-34 — **55,66**
2,1-12 — **48,49,65**
2,8 — **44**
2,10 — **74**
2,18.19 — **44,65,104**
2,28 — **74**

Markus

5,7 — **50**
8,31 — **74**
9,38 — **50**
10,17.18 — **101**
12,29 — **38**
13,32 — **100**
14,61.62 — **75**
14,62 — **74**

Lukas

1,31 — **44**
1,35 — **17**
1,47 — **39,64**
2,11 — **39,64**
3,21.22 — **17**
4,8 — **59**
4,34 — **50**
5,4-6 — **54,65**
5,24 — **74**
6,5 — **74**
8,25 — **55**
10,17 — **50**
17,22 — **74**
18,8 — **74**
22,69 — **74**
22,70 — **74**

Johannes

1,1 — **16,28,29,30,46,
63,96**
1,2 — **45,65**
1,3 — **45,65**

Johannes

1,4.9 — **41,64**
1,12 — **32,111**
1,10 — **45,65**
1,14 — **16,28,29,30,70,
76,94,96**
1,15 — **57,66**
1,1-18 — **30,31**
1,18 — **70,94**
1,23 — **23**
1,29 — **38,64**
1,30 — **57,66**
1,48 — **54**
2,19 — **62**
2,21 — **62**
2,24.25 — **54,65**
3,13 — **56,66**
3,15-17 — **75**
3,16 — **94,95**
3,17 — **31**
3,16-18 — **32,94**
3,19 — **41,64**
3,31.32 — **31,56,66**
3,32-34 — **56**
3,34-36 — **17**
4,11 — **33**
4,16-19 — **54**
4,24 — **60,66**
4,34 — **56**
4,42 — **38,64**
5,17.18 — **68**
5,17-30 — **41**
5,19 — **100**

Johannes

5,21 — **65**
5,22 — **40,47,64**
5,23 — **56**
5,24 — **32,56**
5,30 — **100**
5,36-38 — **56**
5,39.40 — **47**
6,29 — **56**
6,33 — **31,56**
6,35 — **31**
6,38 — **56**
6,48 — **31**
6,51 — **31,56**
6,58 — **56**
6,62 — **56,66**
6,64 — **54**
7,16 — **56**
7,18 — **56**
7,28 — **56**
7,29 — **55,56**
7,33 — **56**
7,46 — **62,66**
8,12 — **31,41,64**
8,18 — **56**
8,24 — **22,63,103**
8,28 — **21**
8,29 — **56,100**
8,38 — **56**
8,42 — **56**
8,55 — **55**
8,57-59 — **21,58**
8,58 — **63,66**

Johannes

9,5 — **31,41,64**
9,9 — **22**
9,24 — **50**
9,38 — **60,66**
10,11 — **45,65**
10,14 — **54**
10,15 — **55**
10,16 — **45,65**
10,18 — **55,62,66**
10,26 — **54**
10,28-30 — **32,47,65,98**
10,30 — **86**
10,30-33 — **24**
10,33 — **98**
10,34-39 — **98**
11,11 — **55**
11,14 — **55**
11,25 — **31,47,65**
12,34 — **73**
12,44 — **32,90**
12,45 — **71,90**
13,1.11 — **54**
13,20 — **56**
14,5-9 — **71**
14,6 — **31,118**
14,8.9 — **12,90**
14,10 — **100**
14,26 — **17**
14,28 — **90**
15,26 — **103**
16,13-15 — **17**
16,28 — **56,66**

141

Johannes
16,30 — **54,55,56,65**
17 — **88**
17,2 — **55**
17,5 — **56,66**
17,8 — **56**
17,25 — **55**
18,4-6 — **21,54,55,63**
19,7 — **79**
19,28 — **54**
19,37 — **57**
20,17 — **79**
20,25-28 — **16,26,63**
20,28 — **96,105**
20,29 — **107**
20,31 — **31,32**
21,6-11 — **54**
21,17 — **54,55,65**

Apostelgeschichte
1,9-12 — **57**
1,24 — **45,65**
2,21 — **23**
2,23 — **43**
2,32.33 — **17**
2,36 — **27**
2,38 — **17,23**
2,39 — **17,27**
3,14 — **101**
5,3.4 — **16**
7,56 — **73**
7,59.60 — **35,64**
8,16.24 — **36**

Apostelgeschichte
9,34 — **50,65**
10,36 — **27,36,64**
16,31.34 — **27**
18,25.26 — **27**
20,28 — **16,43,64,93**
26,18 — **48,65**

Römer
3,21.22 — **64**
3,23 — **43**
4,5 — **76**
5,12-21 — **96**
5,18.19 — **43**
8,9 — **53**
9,33 — **42,64**
10,2 — **15**
10,9 — **103**
10,12 — **36,64**
10,13 — **23**
11,33 — **12**
11,36 — **47**
14,10 — **41,64**
15,16.30 — **17**

1. Korinther
1,2 — **36**
1,30 — **54**
2,8 — **36,64**
4,5 — **54**
8,4-6 — **14**
8,6 — **63**
10,3-4 — **42,64**

1. Korinther
11,3 — **92**
12,1-18 — **35**
12,3 — **34,64**
12,4-6 — **17**
15,20 — **46**
15,28 — **93**

2. Korinther
3,4-6 — **17**
4,4.5 — **36**
5,10 — **41,64**
5,21 — **101**
11,2 — **44,65**
12,8.9 — **36**
13,5 — **53**
13,14 — **17**

Galater
1,1 — **16,96**
1,8 — **11**
2,20 — **53**

Epheser
1,3-14 — **17**
1,4.5 — **110**
1,7 — **43,64**
2.18-22 — **17**
3,14-17 — **17**
3,17 — **53,65**
4,4-6 — **17**
4,10 — **53,65**
5,23 — **46**

Epheser
5,25-32 — **65**
5,27 — **55**

Philipper
2,5-8 — **17,67**
2,6-11 — **102**
2,10-11 — **37,61,64,66**
3,21 — **55**

Kolosser
1,15 — **13,71,97**
1,15-18 — **65**
1,16-18 — **31,46,69,97**
1,17 — **103**
1,27 — **53**
2,3 — **55**
2,9 — **18,67,96**
2,13 — **48,65**
3,13 — **48,65**

2. Thessalonicher
2,13.14 — **17**

1. Timotheus
2,5 — **96**
3,15.16 — **17**
4,10 — **38,64**
6,14-16 — **40,64,70**

2. Timotheus
1,12 — **55**
3,16.17 — **11**

2. Timotheus
4,1 — **41,64**

Titus
1,4 — **16**
2,10 — **39**
2,13 — **16,26,28,39,63,
64,96**
3,4.6 — **39**

Hebräer
1,1.2 — **31,46,65**
1,1-3 — **12**
1,3 — **65,71**
1,6 — **61,66**
1,8 — **16,25,47,63,96**
1,8-13 — **31**
1,10 — **46,65**
2,6-8 — **73**
4,15 — **101**
5,9 — **38,64**
7,25 — **55**
7,26 — **101**
9,14 — **17**
9,12 — **43,64**
10,7.10-15 — **17**
10,15.16 — **16**
11,17 — **95**
11,26 — **57**
12,23.24 — **40**
13,8 — **59,66**
13,20 — **45,65**

1. Petrus
1,2 — **17**
1,17 — **40**
2,4-8 — **42,64**
2,22 — **101**
2,25 — **45,65**
3,22 — **50**
5,4 — **45,65**

2. Petrus
1,1 — **25,36,96**

Jakobus
1,17 — **58,66**

1. Johannes
3,5 — **102**
4,2.3 — **16**
4,12 — **70**
5,13-15 — **36**

Judas
3 — **11**
24 — **55,66**
25 — **55**

Offenbarung
1,8 — **33,63**
1,13 — **73**
1,17.18 — **32,63**
2,8 — **32,63**
2,18-23 — **54**
2,23 — **41**

Offenbarung

3,20 — **53,111**
5,8-14 — **61**
5,14 — **60,66**
7,10-12.17 — **27**
7,11 — **60,66**
11,16 — **60,66**
13,8 — **57**
14,14 — **73**
17,14 — **39,64**
19,16 — **39,64**
19,20 — **60**
21,2.9 — **44,65**
21,6.7 — **33**
21,23 — **41**
22,5 — **41**
22,8.9 — **60**
22,12-16 — **33,63**
22,19 — **11**

Weitere interessante MEMRA-Bücher:

J. J. Toews
Glückliche Familie — nach Gottes Plan
Best.-Nr. 4001 · 192 Seiten

Der Autor gibt eine wertvolle Hilfe zu Themen wie: Wahl des Ehepartners, richtige Führung der Familie, Bewältigung von Differenzen, Familienplanung, Kindererziehung usw. Er schreibt aus seinem über 46-jährigen Eheleben wie auch aus seiner Erfahrung als Bibellehrer und Seelsorger. Er bringt anhand der Bibel Antworten auf eine Menge Fragen des Ehe- und Familienlebens.

Erhard Schneider
Auch ein Christ muß laufen lernen
Best.-Nr. 4003 · 64 Seiten

Ein Christ fällt nicht vom Himmel. Er muß geboren werden, besser gesagt: wiedergeboren werden. Aber ist damit alles getan? — Wie ein Baby zwar ein vollkommener Mensch ist, aber noch viele Dinge lernen muß, so ist auch der neugeborene Christ zwar ein wirkliches Kind Gottes, aber er muß selbständig »laufen lernen«.

John M. Drescher
7 Dinge, die Ihr Kind braucht
Best.-Nr. 4002 · 136 Seiten

In diesem Buch behandelt Drescher die sieben grundlegendsten Bedürfnisse des heranwachsenden Kindes. Er schreibt aus einem großen Erfahrungsschatz sehr praktisch und mit vielen Erlebnissen illustriert. Jedes Kapitel schließt mit einem selbst durchzuführenden Test ab und bietet ferner durch eine Anzahl gezielter Diskussionsfragen gute Anregungen für weiterführende Gespräche.

Edwin Cole
Total Mann sein
Best.-Nr. 4005 · ca. 140 Seiten

Edwin Cole spricht und schreibt für Männer. Er vermittelt einen Einblick in das biblische Mannesbild. Er gibt fundierte Antworten für die richtige Bewältigung der Herausforderungen für Männer im Privatleben, Ehe, Familie, Beruf... Ein brandaktuelles Buch.

Josh McDowell
Die Tatsache der Auferstehung
Best.-Nr. 4004 · 132 Seiten

Auferstehung — Tatsache oder Mythos? Gibt es stichhaltige Beweise für die Auferstehung Jesu Christi? Die extremen Sicherheitsvorkehrungen am Grab machen die Theorien derer unmöglich, die die Auferstehung leugnen. Die historischen Tatsachen beweisen, daß das Grab durch einen übernatürlichen Eingriff verlassen worden sein muß. Welche Bedeutung hat die Realität der Auferstehung für uns heute?

Josh McDowell mit Don Stewart
Antworten auf skeptische Fragen über den christlichen Glauben
Best.-Nr. 4006 · ca. 190 Seiten

Wie weiß man, daß Gott existiert? Widerlegt nicht die moderne Wissenschaft die Bibel? Wie kann man einer Bibel glauben, die voller Widersprüche ist? Diese und viele andere Fragen werden in diesem Buch sorgfältig und fundiert beantwortet. Eine Hilfe für Christen und jeden fragenden Menschen.

J. Alexander McKenzie
Das Omega Dokument
Best.-Nr. 1501 · ca. 200 Seiten

Spannende und gute Unterhaltung bietet dieser ,,Wer-war-der-Täter"-Thriller.
Eingewoben in die Erzählung ist der Weg zum christlichen Glauben durch die Person eines der Hauptdarsteller. Dieses Buch eignet sich auch als Geschenk an fernstehende Menschen.

Tom Scarinci
Zehn Tage tot
Best.-Nr. 2004 · ca. 180 Seiten

,,Wir haben ihn verloren!" Dieser Aufschrei des Narkosearztes während der Operation scheint den Schlußstrich unter das Leben von Tom Scarinci zu setzen. Die Geräte zeigen keine Gehirnströmungen mehr...
Dieses dramatische Buch gibt Einblick in die wirklich wichtigen Dinge im Leben und ihrem endgültigen Sinn.

John Pollock
Billy Graham — Die offizielle Biographie
Best.-Nr. 2005 · ca. 200 Seiten
(gebundene Ausgabe mit Umschlag)

Billy Graham — zweifellos einer der bedeutenden Männer unserer Zeit. Dieses Buch läßt den Leser die Stationen seines Lebens miterleben. John Pollock ist mit dieser Biographie ein überzeugendes und interessantes Buch über den Weg von Billy Graham gelungen.